Hermann Keßler

Die Befestigung der Stadt Oettingen

Dem Hause Oettingen
und der im Drittelbau
mit ihm verbundenen Bürgerschaft der
Stadt

Hermann Keßler

Die Befestigung der Stadt Oettingen

Verlag F. Steinmeier, Nördlingen

© 1991
Printed in Germany
Gesamtherstellung: Buch- und Offsetdruck F. Steinmeier, Nördlingen

ISBN 3-927496-00-6

Inhaltsverzeichnis

VORWORT — 7

OETTINGEN — 9
Die Stadt – Die Grafen und (später) Fürsten von Oettingen – Die spätstauferzeitliche Stadtmauer

DIE VORSTÄDTE — 13
Begrenzungsmauern an den Zufahrtswegen zur Stadt — 15

DAS 14. UND 15. JAHRHUNDERT — 16
Einbeziehung von Wassergräben in die Verteidigungsanlagen der Stadt — 17
Fischhaltung in den Wassergräben — 18
Die Wörnitzbrücke — 19
Die Rolle des Turmes der Jakobskirche in der Oettinger Stadtbefestigung — 22
Türmer, Torwächter, Tag- und Nachtwächter und (später) ein Polizeikommando
Der sogenannte »Stadtdrittelbau« — 25

DAS 16. JAHRHUNDERT
Umbau der bestehenden und Bau neuer, stärkerer Wehrbauten — 29
Eine Stadtansicht von 1570 — 30
Die einzelnen Baumaßnahmen des 16. Jahrhunderts — 31
Das (innere) Mittlere Tor erhält einen neuen Turm
Dem Oberen Tor wird der »Hohe Bau ob dem Stadttor« aufgesetzt — 34
Das innere Untere Tor, auch »Königstor« genannt, erhält einen neuen Turm — 36
Die Stadt Oettingen und ihre Befestigung im Bauernkrieg (1525) — 38
und im Schmalkaldischen Krieg (1546/47)
Die Anlegung des Augrabens — 40
Situationsplan inneres und äußeres Mittleres Tor (Zwinger) — 42
Situationsplan inneres Unteres Tor (Königstor) — 43
Der Bereich der Aurach — 44
Situationsplan der Gräflichen Schieß- und Reitanlage in der Auracherin — 45
Wälle – Dämme – Schanzen – Palisaden zur Verstärkung der Wehranlagen — 47
Von Seegräbern, Damm- und Schanzgräbern – Bau von Brustwehren[47] und Schanzen
Der Schnitzerturm — 49
Bild einer Stadt auf dem Holzepitaph des Sebastian Riethmüller in St. Jakob — 51

DAS 17. UND 18. JAHRHUNDERT
Die ersten drei Jahrzehnte – Neue Bewegung in Ausbau, — 53
Erhaltung und Verstärkung der Stadtbefestigung
Umbau des Vorwerks am Königstor in eine Barbakane — 53
Das innere und das äußere Mittlere Tor und ihre Umgebung — 57
Aquarell aus dem Fürstlichen Archiv Oettingen von 1670
Das Obere Tor und sein feldseitiges Vorwerk — 61

Das äußere Mittlere Tor — 62
Das äußere Untere Tor — 64
Ein neues äußeres Oberes Torhaus — 66
Schildwachten, Wach- und Schießöffnungen, Mauer- oder Blockhäuser auf der Stadtmauer — 68
Der Dreißigjährige Krieg — 71
Die Ruhe vor dem Sturm
Kriegshandlungen in der Stadt und ihrer Umgebung — 72
Der »unversehene« Einfall des Johann von Werth vom Juni 1634
Ein zweiter Überfall am 4. August 1634
Fortsetzung der Verstärkungsmaßnahmen an der Stadtbefestigung
Letzte Neubaumaßnahmen an der Oettinger Stadtbefestigung — 79
Situationsplan der Befestigungen beim inneren und äußeren Oberen Tor — 80
Einbeziehung des Steinerbachs in die Oettinger Stadtbefestigung — 81
Situationsplan äußeres Unteres Tor (Gäulwett) — 82
Der Drittelbau nach dem Dreißigjährigen Krieg — 83
Der Neubau des Oberen Schlosses (1679–83) — 85
Seine Auswirkungen auf die Stadtbefestigung
Ansicht der Stadt aus der Zeit um 1776 — 87

DAS 19. JAHRHUNDERT
Abbrüche an der Stadtbefestigung und im Drittelbau im 19. Jahrhundert — 88
Hauptwache und dahinter gelegener Teil der Stadtmauer
Verkauf und Abbruch des inneren Mittleren Tores
Teilweiser Abbruch der Stadtmauer und Verkauf einzelner an dieser gelegener Grundstücke
Ablehnung eines Abbruchantrages für das äußere Mittlere Tor 1827/28 — 93
Die Wassergräben der Oettinger Stadtbefestigung im 17., 18. und 19. Jahrhundert — 95
Bauliche Veränderungen — 96
Das Ende des Stadt-Drittelbaus in der Stadt Oettingen — 97

Quellenangaben — 105

Literaturnachweis — 107

Archivalische Quellen — 107

Verzeichnis der Abbildungen — 108

Pläne, Skizzen, Musterbilder — 109

Personen- und Sachregister — 110

ANLAGEN — 113–123

Vorwort

Richtet man an heutige Bewohner der Stadt Oettingen die Frage, was sie von der Stadtmauer und den weiteren Befestigungen wüßten, von denen einst der Kern ihrer Stadt umgeben war, dann wird man meist auf eine gewisse Verlegenheit stoßen und keine bestimmte Antwort auf die gestellte Frage erhalten. Auch die der Stadt Oettingen gewidmete Darstellung in der Reihe der »Kunstdenkmäler Bayerns« und die in ihr enthaltene Aussage über die Oettinger Stadtmauer kann nicht sehr ermutigend sein, in der festgestellt wird: »Größere Reste der inneren Stadtbefestigung (sind) nur noch im Norden, Osten und Süden erhalten. Dazu noch drei Tore, im Norden das Obere oder Schloßtor, im Osten das Mittlere Tor und im Süden das innere, untere oder Königstor«. Wenn in diesem Buch trotzdem der Versuch unternommen wird, diese Frage einer näheren Betrachtung zu unterziehen, dann deshalb, weil der Verfasser schon beim ersten Augenschein mit Ortskundigen den Eindruck gewann, daß von der einstigen Oettinger Stadtbefestigung noch genug erhalten ist, von dem heute vieles abseits von Wegen und Straßen in Hinterhöfen und in Gärten dem Blick des Bürgers und des Passanten entzogen ist. Dieser Eindruck verstärkte sich bei einem Besuch in den Archiven der fürstlichen Häuser und der Stadt und Gesprächen mit Kennern der Ortsgeschichte, die davon zu berichten wußten, daß über Unterhalt, Instandsetzung und Errichtung von Bauten an der Stadtbefestigung noch Niederschriften vorlägen, die von einer wohlgeschulten Beamtenschaft angelegt wurden und großenteils erhalten geblieben seien. Zu diesen wichtigen Quellen gesellen sich noch wenige, aber ausreichend aussagekräftige bildliche und planerische Zeugnisse, nach denen sich der Leser genauere Vorstellungen machen kann vom Aussehen der Stadtbefestigung in Teilen und in ihrer Gänze. In Chroniken und Schriften hat sich zeitgenössisches und überliefertes Wissen erhalten, aus denen allen, zusammengenommen, sich ein Gesamtbild runden und die eingangs gestellte Frage wohl beantworten läßt.

Es ist darauf gesehen worden, daß zugleich da, wo es möglich war, die Volksgeschichte und das gesellschaftliche Rahmenwerk in angemessener Form vergegenwärtigt, und der Zusammenhang mit der geschichtlichen Entwicklung gewahrt wurde. Ihre Auswirkungen und Zwänge waren es ja, von denen auch die Entscheidungen von Herrschaften und Bürgerschaft in starkem Maße abhingen.

Das Zustandekommen dieser Abhandlung hat in der Stadt Oettingen von vielen Seiten und zu allen Zeiten große, bereitwillige Förderung erfahren, ganz besonders von Frau Dr. Elisabeth Grünenwald, langjähriger und vielverdienter Oberarchivrätin der beiden fürstlichen Archive in Oettingen und Wallerstein. Sie hat den Gang dieser Arbeit getreulich begleitet und dem Verfasser aus eigenem Antrieb immer wieder neues Schrifttum und neues überraschendes Quellenmaterial an die Hand gegeben. Der Dank des Verfassers gilt ebenso dem Leiter des Archivs der Stadt, Herrn Studiendirektor i.R. Karl Gruber. Er hat ihm aus seinen wohlgeordneten Archivbeständen jeden Wunsch erfüllt. Nicht minder herzlich danke ich Herrn 1. Bürgermeister Hans Raidel. Er hat es ermöglicht, daß die gewichtigen Aktenbestände im stimmungsvollen Sitzungssaal des Rathauses bearbeitet werden konnten, was zu einem guten Fortschritt der Arbeit einen wesentlichen Beitrag bedeutete. Bürger der Stadt haben dem Verfasser durch Mitteilung eigenen Wissens, Hinweise auf Fakten, die für die Arbeit bedeutsam waren und durch die Beschaffung wertvoller Unterlagen seine Arbeit erleichtert, so Herr Hermann Jaumann, Frau Elsa Fischer, Herr Oberstudiendirektor Dr. Jakob Röttger und Fräulein Petra Ostenrieder. Dank sei auch gesagt Herrn Dekan Issler, jetzt in Weißenburg, der bereitwillig die Riethmüllersche Totentafel von St. Jakob für eine nähere Betrachtung zur Verfügung stellte, und Herrn Stadtbaumeister Karl Rapp, der so früh verstorben ist. Er hat für diese Arbeit einen genau vermessenen Plan von den noch bestehenden Mauerpartien anlegen lassen.

Auf der Grundlage einer vom Verfasser erarbeiteten schematischen Darstellung der vor den drei Oettinger Toren nach den Aussagen der Drittelbaurechnungen errichteten Befestigungsanlagen und mit Heranziehung des Urkatasterplanes von 1822 sowie der modernen Vermessungskarte hat Herr Horst Prager, der sich schon längere Zeit mit Problemen der Oettinger Stadtarchäologie beschäftigt, die Situation vor jedem Tor an Ort und Stelle genau untersucht. Dabei hat er noch zahlreiche Hinweise auf Lage, Höhe, Länge, Breite und Form der jeweiligen Verteidigungsanlage auffinden können und das Ergebnis zu einem planerischen Ganzen zusammengefügt, das sich in den meisten Fällen mit dem seinerzeitigen Zustand der Anlagen decken dürfte. Die Ergebnisse sind in der vorliegenden Abhandlung niedergelegt. Der Verfasser möchte Herrn Horst Prager und den Oettinger Bürgerinnen und Bürgern, die ihn bei dieser Arbeit bereitwillig unterstützt haben, herzlich danken.

Der besondere Dank des Verfassers gilt auch Frau Maria Gebert für die freundliche Herstellung des druckreifen Manuskripts.

Herr Verleger Friedrich Steinmeier und seine Mitarbeiter haben keine Mühe gescheut, um dem Buch eine gefällige Form zu geben. Auch ihnen sei für das stets bekundete Verständnis herzlich Dank gesagt.

Hermann Keßler

Zum Geleit

Nach jahrelangen akribischen Nachforschungen, der Sichtung zahlloser Archivalien und der Auswertung von vielen Hinweisen interessierter Oettinger Bürger, liegt jetzt das langerwartete Buch über die Befestigung der Stadt Oettingen vor. Oberbürgermeister a.D. Dr. Hermann Keßler gelang es, aus vielen Mosaiksteinchen das Entstehen der Oettinger Stadtbefestigung und deren Entwicklung, Erweiterung und Vergehen in einer Gesamtschau nachzuvollziehen. Im Gegensatz zu Nördlingen, wo die Bürgerschaft sich um den Schutz der Stadt annehmen mußte, fühlte sich in Oettingen eines der ältesten deutschen Adelsgeschlechter für die Verteidigung der Stadt verantwortlich. So ist die Geschichte des Hauses Oettingen eng mit der Entwicklung der Stadt und deren Fortifikationen verbunden. Gleichwohl war der Rat der Stadt über die Einrichtung des sog. Drittelbaus jahrhundertelang in alle der Verteidigung dienenden Bauvorhaben mitbestimmend einbezogen. Anders als in der Riesmetropole, wo der vollständig erhaltene Mauerring das dominierende Bauwerk der Stadt darstellt, bedarf es in Oettingen des geschulten Auges eines Historikers, um die vielfach noch vorhandenen Relikte einer wehrhaften Vergangenheit aufzuspüren.

Dr. Hermann Keßler, der sich dieser mühevollen Aufgabe angenommen und seine Forschungsergebnisse in einem Buch zusammengefaßt hat, gebühren dafür hohe Anerkennung und Dank.

Da der Verein Rieser Kulturtage e. V. satzungsgemäß der Förderung wertvoller Rieser Heimatliteratur verpflichtet ist, waren Vorstand und Beirat dieser Vereinigung gerne bereit, die Herausgabe des vorliegenden Werkes aus der Feder unseres Ehrenmitgliedes und Riespreisträgers 1989, Dr. Hermann Keßler, zu fördern. Wir freuen uns, daß damit eine wesentliche Lücke in der Erforschung der Oettinger Stadtgeschichte geschlossen werden kann.

Ich wünsche dem vorliegenden Werk viele geneigte Leser und weite Verbreitung.

Nördlingen, im März 1991
Dr. Wulf-Dietrich Kavasch
1. Vorsitzender
Verein Rieser Kulturtage e. V

Oettingen

Die Stadt – Die ersten Grafen von Oettingen – Die spätstauferzeitliche Stadtmauer

Die Stadt Oettingen gehört ohne Zweifel zu den Rieser Siedlungen, die im Zuge der Landnahme durch die Alamannen entstanden sind. Dies wird vor allem durch die -ingen-Endung ihres Namens ausgewiesen, die ihre Nordrieser Nachbargemeinden Munningen, Nittingen und Ehingen, und viele andere Orte im Ries, mit ihr gemeinsam haben. Der Standort Oettingen war wohl wegen der Nähe einer Wörnitzfurt, seiner geschützten Lage zu Füßen des nördlichen Riesrandes und seines Reichtums an Trinkwasserquellen von den Alamannen für eine Niederlassung ausgewählt worden. Das benachbarte Ehingen war durch die zunächst dort verlaufende ehemalige Römerstraße in der ersten Zeit dem Nachbarort Oettingen übergeordnet, was auch darin zum Ausdruck kommt, daß die Jakobskirche bis 1312 Filialkirche der Ehinger Stephanskirche war. Im Zuge der Entwicklung eines überörtlichen Verkehrswesens erwies sich dann die Lage der Stadt Oettingen südlich des Wörnitzdurchbruchs durch den Riesrand, wohl auf die Dauer als verkehrsgünstiger. Man konnte von hier aus, ohne beschwerliche Höhen überwinden zu müssen, in Richtung Norden gut vorankommen. Diese Vorzüge mögen es auch gewesen sein, welche ein im Ries zu Besitz und Ansehen gelangtes Adelsgeschlecht bewogen, Oettingen zu seinem Stammsitz zu bestimmen. Seine Angehörigen übernahmen dabei auch den Namen dieses Ortes für ihre eigene Familie und errichteten dort ihre Stammburg (castrum) und die Mittelpunkteinrichtungen ihrer Verwaltung. Das Geschlecht der Oettingen gehört zu den ältesten Adelsgeschlechtern in unserem Lande und blüht heute noch in zwei Zweigen, den Linien Oettingen-Spielberg und Oettingen-Wallerstein, im Ries fort. Grupp[1] hat nachgewiesen, daß wir uns in der Geschichte der Grafen von Oettingen schon seit dem Jahre 1141 auf sicherem Boden bewegen. Elisabeth Grünenwald hat über die Anfänge des Hauses Oettingen weitere Überlegungen angestellt und aus einer Zusammenschau der frühesten Nennungen, beginnend mit urkundlichen Erwähnungen aus der Zeit um 1141 und 1142 die Existenz eines Ludwig von Oettingen festgestellt, der seit 1147 als Graf bezeichnet wird (Ludwig I.) und eines Grafen Kuno/Konrad (I.). Ersterer wird bis etwa 1150/1155 genannt, letzterer insgesamt nur zweimal erwähnt.

Dieter Kudorfer[2] hat dazu eine Skizze der ersten drei Generationen des Hauses Oettingen erstellt, die folgende Namen und Daten aufweist:

Die ersten drei Generationen des Hauses Oettingen

*Konrad von Wallerstein
ca. 1118 mit evtl.
Verbindung zum
staufischen Haus*

Konrad I. 1150/1155	*Ludwig I.* 1141 *Graf* 1147	*Hartwig* 1140 *Abt (wo?)*
	Ludwig II. 1156/1160 *Graf.*	*Siegfried* 1201 *Bischof von Bamberg*
Konrad II. 1223 *Graf*	*Ludwig III.* 1223 *Graf*	*Ludwig* 1217 *Dom- u. Deutschherr*

Nach Kudorfers Erklärung stellt diese Skizze keinen eigenen Lösungsvorschlag zur Oettinger

Genealogie dar, sondern eine Aufstellung über den Personenbestand, reduziert auf die gesicherten männlichen Familienmitglieder der ersten Zeit, wobei sich die Jahreszahlen jeweils auf die erste Nennung beziehen.

Es war die Zeit, in der diese hohen Ämter in unserem Lande erblich wurden. Seit 1147 ist das Haus Oettingen[3] in beständigem Besitz des Grafenamtes. Es spaltete sich im Laufe der Entwicklung in mehrere Linien. Zwischen 1410 und 1416 teilten die beiden Brüder Ludwig XI. und Friedrich III. ihr Gebiet in zwei gleichwertige Hälften. Als die Linie Friedrichs bald darauf erlosch, wurde die Zweiteilung von den Erben aufrechterhalten[3]. 1550 trat die in der Oettinger Stammburg sitzende Linie Oettingen-Oettingen zur lutherischen Konfession über. Die übrigen schlossen sich ihr nicht an. Um 1600 wurde die Trennung der Grafschaft in die Linien Oettingen-Oettingen, Oettingen-Spielberg, beide in Oettingen, Oettingen-Wallerstein in Wallerstein und Oettingen-Baldern in Hohenbaldern endgültig festgelegt. Als 1731 die Linie Oettingen-Oettingen erlosch, wurde auf dem Prozeßweg ein Hauptlandesvergleich herbeigeführt, in welchem das Haus Oettingen-Wallerstein zwei Drittel, die Linie Oettingen-Spielberg ein Drittel der Erbmasse erhielten. Zu letzterer gehörte die ganze Stadt Oettingen. Als 1798 die Linie Oettingen-Baldern erlosch, fiel ihr ganzer Besitz an die Wallersteiner Linie.

Die Geschichte der Stadt Oettingen ist seit frühester Zeit sehr eng mit der des Hauses Oettingen verbunden. Seine Bauten haben das Gesicht der Stadt entscheidend geprägt. Der Umstand, daß in Oettingen jahrhundertelang zwei Linien des gleichen Hauses nebeneinander regierten, ließ die Stadt zu einem Sitz zweier landesherrlicher Verwaltungen werden, und da auch der Deutschherrenorden seit dem 13. Jahrhundert in Oettingen eine Comturei hatte, war ausnehmend viel Verwaltung in der Stadt versammelt, mit der die Stadtverwaltung sich stets zu arrangieren hatte. Diese Dinge wurden noch komplizierter, seit die beiden Oettinger Grafenlinien verschiedenen Konfessionen angehörten. Das hatte zur Folge, daß die Einwohner nach dem Grundsatz cuius regio, eius religio sich der Konfession ihres eigentlichen Landesherrn anzuschließen hatten. Es ist der Einsicht und langen Erfahrung der Bürgerschaft zu danken, daß die konfessionelle Trennung sich nicht zu einem Riß entwickelte, der die Bürgerschaft in zwei gegnerische Lager spaltete. Man ist in Oettingen immer schiedlich und friedlich miteinander ausgekommen bis in unsere Tage.

Der Umstand, daß Oettingen Sitz zweier landesherrlicher Verwaltungen und einer Comturei des Deutschherren-Ordens war, hat sicherlich auch bewirkt, daß man dort frühzeitig bemüht war, sich gegen Überfälle und sonstige Gefährdungen der eigenen Sicherheit, von Leib und Leben, Hab und Gut durch Errichtung entsprechender Wehrbauten zu sichern. Kernstück der mittelalterlichen Stadtverteidigung war immer eine Stadtmauer. Wenn wir auch keine Unterlagen von der Errichtung einer solchen besitzen, so liegen uns im Falle Oettingens doch aus dem zweiten und dritten Drittel des 13. Jahrhunderts drei wichtige und aussagekräftige Urkunden in lateinischer Sprache vor, die in freier Übersetzung folgenden Inhalt haben[4]:

1. Aus dem Jahre 1242:

>Die Grafen Ludwig (III.) und Ludwig (IV.) von Oettingen bestätigten die Schenkungen ihrer Vorfahren (*»a progenitoribus nostris«*) an den Deutschorden in Oettingen. Diese bestanden aus dem Spital bei der Kapelle neben ihrer Burg; dieses Spital war mit dem Eigentum an der Kapelle und dem im einzelnen genannten Widdum ausgestattet worden, außerdem erhielt der Deutschorden sieben Hofstätten vor dem Tore gegen Nördlingen und einen Hof am Marktplatz, den Friedrich Lang dem Orden schenkte und den der

Goldschmied Werner bewohnte (»*hospitale adiacens capellae in Otingen iuxta castrum nostrum sitae, istud iam dictum hospitale fundatum ac proprietatum est ipsa capella et dote sua subscripta ... septem etiam areis ante portam ubi itur Nordelingen ... item aream in foro sitam a Friderico longo domui datam, quam possidet Wernherus aurifex*«).

2. Aus dem Jahre 1293:

Bruder Konrad von Feuchtwangen, oberster Meister des Deutschhausspitals in Jerusalem, vereinbart mit Graf Ludwig (V.) von Oettingen u.a., daß der Orden das durch die Mauer gebrochene Tor neben seinem Haus und dem Graben nur solange nutzen darf, als der Graf es duldet.

3. Aus dem Jahre 1294:

August 30

Graf Ludwig (V.) von Oettingen erlaubt den Deutschherren zu Oettingen, ihre Wohnung über die Mauer, die die Stadt Oettingen umgibt, zu erweitern (»*super murum, qui oppidum Ottingen ambit*«), doch daß die gebührliche Straße (»*competens strata*«) in Mitte oder zwischen diesem Bau und der Stadtmauer sei und bleibe.

Aus der Lektüre dieser Urkunden, deren Echtheit nicht bezweifelt wird, geht eindeutig hervor, daß Oettingen schon im 13. Jahrhundert ummauert war. Noch im 12. Jahrhundert war es als vicus (Dorf) eingestuft. Unter der zielbewußten Führung der Grafen hat es sich dann offenbar rasch emporentwickelt. In der Urkunde von 1294 erscheint es bereits als befestigter Ort (oppidum), der nach einer Urkunde vom Vorjahre (1293) bereits eine Stadtmauer und in dieser ein nach Nördlingen führendes Tor hatte. (Urkunde von 1241).

Alle Zeichen sprechen dafür, daß die so früh erwähnte Oettinger Stadtmauer nach Lage, Umfang und Linienführung mit der Stadtmauer identisch ist, die heute noch in wesentlichen Bestandteilen die Kernstadt umgibt. Sie hat die Form eines langgestreckten Ovals oder, besser gesagt, eines sich nach oben verjüngenden langgezogenen Trapezes mit abgerundeten Ecken, und zeigt mit Sicherheit heute noch den Verlauf, den auch die in den Urkunden genannte Mauer gehabt hat. Die von diesem langgezogenen Trapez umgriffene Fläche schloß alle bis dahin bereits vorhandenen Siedlungskerne ein. Im östlichen Teil die Burg (castrum) mit dem Burgflecken im Norden und dem Maierhof im Süden als ältestem Kern in der Mitte des Ostteils, und im westlichen Bereich die planmäßig angelegte Marktsiedlung der Kaufleute entlang der Nord-Süd-Achse der späteren Schloßstraße, dazu, etwas nach Norden abgesetzt, und nahe dem nördlichen Tor, für sich stehend, die Jakobskirche[5], wie Elisabeth Grünenwald es 1962 überzeugend dargestellt hat. Alle Befunde und Unterlagen lassen also darauf schließen, daß wir in der heute noch die Oettinger Kernstadt umschließenden Steinmauer die Mauer vor uns haben, von der in den oben zitierten Urkunden die Rede ist. Unmittelbar vor der Mauer verlief und verläuft streckenweise auch heute noch ein breiter Graben. Er läßt sich nicht nur im Hofgarten, sondern auch an großen Teilen der Ostseite gut feststellen, wo er heute aufgefüllt und zumeist in private Obstgärten aufgeteilt ist. Den äußeren Abschluß des Grabens bildete ein Wall, der in Zeiten andauernder Bedrohung, dem 16. und 17. Jahrhundert, in geeigneter Weise verstärkt wurde. Heute verlaufen auf ihm großenteils Spazierwege und Straßen, so entlang dem Holzgraben im Westen und auf dem Entengraben im Süden. Der Unterbau ist, anders als bei der Nördlinger Stadtmauer, durchweg massiv aus Riessee-Kalk oder -Travertin aufgeführt, der in den Baurechnungen in Mauer-, Stuck-, Weg- und

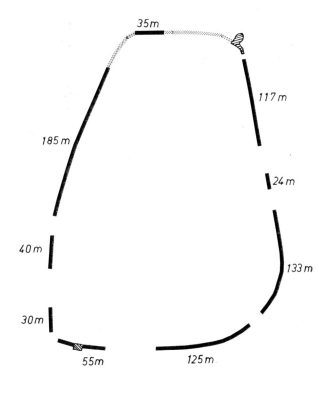

Plan der Stadtmauer mit Bezeichnung der Strecken des stehengebliebenen Unterbaus und Angabe ihrer Länge

= Grundmauer

Klaubsteine untergeteilt wird. Mit Stucksteinen wurde die »Mauer oben beschlossen«, mit Mauersteinen der Hauptkörper der Mauer gebaut, mit Wegsteinen die Durchfahrt der Tore gepflastert und mit Klaubsteinen das noch lückenhafte Mauerwerk verdichtet. Der in regelmäßiger Schichtung der mit Randschlag bearbeiteten Quader aufgeführte Unterbau der Oettinger Stadtmauer macht heute noch einen soliden, ästhetisch wirkungsvollen Eindruck.[5]

Spätere Abbildungen zeigen die Oettinger Stadtmauer mit einem bedachten Wehrgang mit Schießscharten zur Feldseite und einem, dem massiv gefügten Unterbau aufgesetzten Oberbau aus Ziegelmauerwerk. Stadtmauerstiegen, wie die erhalten gebliebene beim Königstor, führten vom Stadtinneren auf den Wehrgang. Eine solche wird z.B. auch beim Oberen Tor, als Aufgang zum Schnitzerturm und beim inneren Mittleren Tor genannt.[6]

Ein vom Stadtbauamt Oettingen freundlicherweise mit Einzeichnung des noch bestehenden Unterbaus im Jahre 1982 angelegter Stadtplan zeigt, daß von der einst 1150 Meter langen ehemaligen Mauerstrecke einschließlich eines im Erdgeschoß des neuen Schlosses einverbauten Teiles immerhin noch rund 740 Meter, das sind nicht ganz zwei Drittel, erhalten sind. Bis zum Ende des 18. Jahrhunderts soll diese Oettinger Stadtmauer noch an jedem Punkte ihrer Innenseite direkt erreichbar gewesen sein, dank einer hier verlaufenden Ringgasse, so daß die Verteidiger eine bedrohte Stelle rasch und leicht besetzen konnten. Von Anfang an gewährten (drei) Tore Ein- und Auslaß aus dem Mauerring, nämlich das bereits in der Urkunde von 1242 erwähnte, seit 1613 auch »Königstor« genannte innere Untere Tor am südlichen Eingang der von Nördlingen kommenden Hauptverkehrsstraße, und zweitens das Obere oder Schloßtor im Norden, durch welches diese Straße die Kernstadt wieder verläßt. Ein dritter Ein- und Auslaß, das sog. innere Mittlere Tor, in der Mitte der östlichen Langseite des Mauertrapezes gelegen und zur nahen Wörnitzfurt und späteren Wörnitzbrücke führend, dürfte später hinzugekommen sein.

Die Vorstädte

Schon in der Urkunde von 1242 war die Rede gewesen von »sieben Hofstätten vor dem Tor, wo man nach Nördlingen geht.« Damit ist schon in früher Zeit eine Tendenz angedeutet worden, die sich in der Folge in Oettingen fortsetzen sollte. Sie kam darin zum Ausdruck, daß manche Neuansiedler das Risiko einer Niederlassung vor den Toren, an der Hauptverkehrsstraße nach Nördlingen oder auch an der im Norden direkt in die Felder und Wälder führenden Mühlgasse den Vorrang gaben gegenüber dem Vorteil, bei einer Niederlassung hinter der Stadtmauer durch die Mauer besser geschützt zu sein. Sie gaben offenbar einer günstigeren Geschäftslage (in der Unteren Vorstadt) bzw. einer Niederlassung in nächster Nähe der Felder (in der Oberen Vorstadt) vor einer weniger günstigen Wohngegend oder Geschäftlage hinter der Stadtmauer den Vorzug. Daraus entwickelte sich vor dem Unteren Tor so rasch eine Vorstadt, daß man zu ihrem Schutz an der nach Nördlingen führenden Straße schon im Jahre 1422 ein eigenes Torhaus errichtete, das vor dieser »Unteren Vorstadt« den Verkehr zur Stadt und aus ihr heraus unter Kontrolle halten und die Straße nachts sperren sollte. Die Untere Vorstadt war in gewissem Sinn eine Verlängerung der vorwiegend als Verkaufsstraße dienenden innerstädtischen Schloßstraße. Der Umstand, daß der außerhalb des inneren Unteren Tores die Schloßstraße fortsetzende Straßenzug sich zweimal marktartig erweiterte, machte ihn für von auswärts kommende und für innerstädtische Käufer besonders interessant. Hier war eine verlängerte Ladenstraße entstanden. Gastwirtschaften und attraktive Geschäftshäuser säumten sie und luden zum Verweilen ein. Durch diese Vorzüge diente diese Vorstadt auch dazu, die Kernstadt vor Verkehrsstaus zu bewahren, indem sie vor dem inneren Unteren Tor Käufer abfing und so zu einer Auflockerung des Verkehrs beitrug. In Gefahrenzeiten konnte die Untere Vorstadt für Angreifer ein der Kernstadt vorgelagertes Hindernis bilden, das erst genommen werden mußte, bevor man an die stärker ausgebaute Stadtmauer kam. Sie hat diese Funktion bei einem Überfall kaiserlicher Soldaten auf die Stadt im Jahre 1634 auch zu erfüllen versucht. Die Herrschaft und der Rat der Stadt erkannten bald, daß dieses »Suburbium« vor dem inneren Unteren Tor eine gewisse Selbständigkeit erlangt hatte, was auch darin zum Ausdruck kam, daß ihm der Volksmund einen eigenen Namen, nämlich »Goschenhof« zulegte.[7] Mit dem städtischen »Burgerhof«[7] und dem vor dem Unteren Tor gelegenen Siechenhaus erhielt es eigene öffentliche Einrichtungen. Die an zentraler Stelle der Vorstadt stehende, heute durch ein Bankgebäude ersetzte St. Georgskapelle[8] diente ihren Bewohnern als kirchlicher Mittelpunkt.

Die vorwiegend von Landwirten und Ackerbürgern bewohnte, 1364 erstmals genannte Obere Vorstadt, erhielt eine solche Ausstattung nicht. Immerhin wurde für sie frühzeitig auf dem Wall vor dem Oberen Tor eine Wachstation mit Schlagbaum und Schranken zur Kontrolle des ein- und ausfahrenden Verkehrs eingerichtet, aus der sich im 17. Jahrhundert das »äußere Obere Torhaus« entwickeln sollte. Sonst aber wurden der Oberen Vorstadt, wie gesagt, nicht die Auszeichnungen zuteil, die die Untere erhalten hatte.

Etwa zwei Jahrhunderte nach der Entstehung der Unteren und Oberen Vorstadt kam es 1594 bei dem 1511 erstmals genannten Mittleren Tor zur Gründung einer dritten, der Mittleren Vorstadt. Obwohl dort zunächst nur in beschränktem Maße Siedlungsflächen zur Verfügung standen, ließen sich dort seit 1594 doch auch Kaufleute und Handwerker nieder, vorerst in geringerer Zahl, so daß die kleine Siedlung zunächst in einem befestigten kleinen Zwinger steckenblieb, der gegen Osten durch den Augraben und ein zu seinem Schutz errichtetes äußeres Mittleres Torhaus abgedeckt und gesichert wurde. Später begann auch diese dritte Oettinger Vorstadt sich weiter zu entwickeln. Sie hat sich dann entlang der Schützenstraße bis zur Wörnitzbrücke ausgedehnt.

Es ist denkbar, daß das frühe Vorhandensein dieser ansehnlichen Vorstädte der Grund dafür war, daß für die Wahl der endgültigen Gestalt der Oettinger Stadtbefestigung nicht die übliche Form der spätmittelalterlichen, ringsum von Wall, Graben, Mauer und Türmen bewehrten Stadt gewählt wurde, vor deren Befestigung keinerlei Besiedlung mehr erlaubt und möglich war. Hier hat man, weil die Einbeziehung des großen Areals der Vorstädte in eine neue Mauer, wie es im Falle Nördlingens im Jahre 1327 nochmals unternommen wurde, über die finanziellen und personellen Möglichkeiten der Bevölkerungszahl hinausgegangen wäre, zu gegebener Zeit Lösungen gesucht und gefunden, auf die später eingegangen werden soll.

Begrenzungsmauern an den Zufahrtsstraßen zur Stadt*

Einem aufmerksamen Betrachter des Straßensystems in der Stadt Oettingen wird im Stadtinnern und an den Zufahrtstraßen eine an vielen Stellen noch erhaltene, in gleicher Bauweise (rd. 1,60 m hoch, oben abgerundet) und oft noch beidseitig auftretende Begrenzungsmauer nicht entgehen, von welcher diese Straßen eingefaßt sind. Sie ziehen sich über längere Strecken hin, ohne daß ein Abbiegen möglich ist, und zeigen dann gewisse platzartige Erweiterungen, an denen die Häuser so gruppiert sind, daß sie, oft schräg stehend, ihre Frontseite dem Platz zuwenden. Es finden sich dort auch kleine erdgeschossige Häuschen, die Zollstationen gleichen, wie man sie früher in Oettingen als »Batzenhäuser« noch kannte. Es finden sich an gewissen Stellen auch Städel, zu deren Bau Quadersteine verwendet wurden. Sie stehen mit einer großen Ausfahrt zur Straße hin. Da die Kosten für Errichtung und Unterhalt solcher kilometerlanger Begrenzungsmauern und solcher Gebäude nur von den Landesherren befohlen und getragen werden konnten, stellt sich die Frage, ob diese Eingrenzung der Zufahrtstraßen, durch welche die Ankommenden gleichsam durch einen langen Engpaß gezwängt wurden, defensorischen Charakter hatte, um herannahende, größere Ansammlungen von Menschen nicht erst von der Hohen Wacht aus nach dem Woher und Wohin und nach dem Ziel, dem sie zustrebten, zu fragen und darauf schon weit draußen vor der Stadt und nicht erst an dem mit der spielbergischen Residenz zusammengebauten Oberen Tor zu reagieren. Bei einem Rundgang wird die ganze Länge und Streckenführung dieser eingegrenzten Straßenzüge ersichtlich, die selbst manche Oettinger erstaunen dürfte.

Straßenbegrenzungsmauern

* Besonderer Beitrag von Herrn Horst Prager, Oettingen

Das 14. und 15. Jahrhundert

In den ersten Jahrhunderten, solange mögliche Angreifer nur mit Armbrust, Schild und Schwert, Spieß und Speer bewaffnet waren, bot diese Oettinger Befestigung mit der massiven Steinmauer, dem ihr vorgelagerten Wassergraben und dem jenseits des Grabens aufgeworfenen, von Fall zu Fall palisadenbewehrten Wall ausreichende Verteidigungsmöglichkeiten gegen alle möglichen Angreifer.

Über erste Verstärkungen, die an der ersten Stufe der Stadtbefestigung vorgenommen wurden, wird aus dem Schwäbischen Städtekrieg (1371–1388) berichtet. In dieser unsicheren Zeit war man in den Städten auf der Hut und setzte sich gegen jeden zur Wehr, der Sicherheit und Eigentum der Bewohner gefährdete. Dieser Krieg wurde von den Grafen von Württemberg gegen die verbündeten schwäbischen Reichsstädte geführt, die ihre Handelswege gefährdet sahen und für ihre Freiheit fürchteten. Er brachte beide Parteien in erhebliche finanzielle Schwierigkeiten. Auch die bis dahin wirtschaftlich unabhängigen Grafen von Oettingen sollen sich damals auf Händel eingelassen haben, die sie, wie berichtet wird, »Geld kosteten, das öfters nicht aufzubringen war.«[10]

»Erhebliche finanzielle Schwierigkeiten«, die von Dieter Kudorfer z.T. auf Verschuldung durch den Reichsdienst, z.T. durch Erwerbungen im Ries, z.B. der Burgen Hochhaus und Katzenstein, erklärt werden, zwangen die Grafen, 1366 die für sie wichtige Stadt Wassertrüdingen aus der Hand zu geben, was dazu führte, daß ihre Residenz gegenüber den Ansbacher Markgrafen in eine nicht erfreuliche Randlage kam, nachdem die Markgrafen auch noch Auhausen erworben hatten.

Daß 1357 Kaiser Karl IV. den Oettinger Grafen einen Freiheitsbrief zur Ausübung des Geleitsrechts in ihren Landen ausgestellt hatte, aus dem sie dann wohl nicht geringe Einkünfte bezogen, konnte anscheinend daran nichts ändern. Da die Grafen Ludwig und Friedrich damals offenbar befürchten mußten, daß auch ihre Residenzstadt in die Auseinandersetzungen des Städtekrieges hineingezogen werden könnte, trugen sie »aus Besorgnis kriegerischer Unruhen« im Jahre 1382 an die dort wohnenden Bürger das Ansinnen heran, alle Häuser und Wohnungen der Oberen Vorstadt abzubrechen und sie innerhalb der Stadtmauer wieder aufzubauen. Zugleich wurde die Stadt mit »einem neuen Wall und Graben« umgeben[11].

Daß auch diese Neuanlagen nicht von Dauer waren, besagt eine Aktennotiz aus dem Jahre 1488: »Die Stadt Oettingen ist zur Wehr gar nicht zugericht, die Gräben sind eingefallen und aufgefüllt.«[33]

Im Jahre 1454 mußten die Grafen »schuldenhalber« (Kudorfer)[12] auch die Stadt Wemding an Baiern verkaufen, die 1476 endgültig an Herzog Ludwig IX. den Reichen, fiel und von da an als Exklave bei Baiern blieb. Die Oettinger hatten Wemding zur Stadt erhoben, ummauert und es zeitweilig als Residenz benützt.

16

Einbeziehung von Wassergräben in die Verteidigungsanlagen der Stadt

Während die Stadt Nördlingen durch einen kostspieligen Wasserbau das Wasser der Kornlach wenigstens zum Teil in die Stadtbefestigung einbeziehen konnte, besaß die Stadt Oettingen in der an ihrer Ostflanke in ansehnlicher Breite vorbeifließenden Wörnitz zu allen Zeiten eine natürliche Wasserbarriere, die ihr einen beträchtlichen Schutz gewährte.

Zu diesem Wasserreichtum, den der fischreiche Fluß im Osten zur Verfügung stellte, kamen als sehr günstige Ergänzungen auf der Westseite in den nahen Wäldern westlich der Stadt liegende, ergiebige Wasservorkommen hinzu, aus denen die Stadt nicht nur ihren Trink- und Brauchwasserbedarf decken, sondern auch noch ein System von Wassergräben rings um die Stadt speisen konnte. Dieses Wasser kam mit natürlichem Gefälle aus dem Burgerholz im Westen der Stadt und hier vor allem aus dem sog. Haidweiher. Aus diesem wurde es durch den sog. Grimmgraben zur Stadt und vor die Stadtmauer geleitet, die es auf der Höhe des Kronengartens erreichte. Zunächst wurde der innere Stadtgraben bewässert, der unmittelbar außerhalb des Mauerrings, nach außen durch einen Wall abgegrenzt, noch im Jahre 1764[13] um die ganze Stadt lief. Dieser Graben war wohl um 1382[11] vertieft und sicherlich so angelegt worden, daß in ihm ständig Wasser in ausreichender Tiefe (»eines Manns tief«)[14] gehalten werden konnte. Wohl um die gleiche Zeit oder wenig später wurde parallel zum Stadtgraben und zu der Stadtmauer im Westen als eine weitere Wasserbarriere der Holzgraben als äußerer Verteidigungsring angelegt. Dadurch wurde einem Angreifer auf dieser Seite das Vordringen sehr erschwert. Der Holz- oder Eichgraben lief vom Endpunkt des wasserspendenden Grimmgrabens parallel zum inneren Stadtgraben zunächst nordwärts und bog mit diesem dann an der Nordwestecke nach Osten ab, wo beide noch ein Stück des Nordteils abdeckten, während an der Ostseite bis vor das Mittlere Tor nur der (innere) Stadtgraben geführt wurde. Der bewässerte Stadtgraben nahm unmittelbar vor der Stadtmauer, wie wir auch von den über ihn beim Oberen, Mittleren und Unteren Tor angelegten Schlagbrücken wissen, seinen Verlauf und wurde, wie wir auch aus bildlichen und planerischen Unterlagen ersehen können, auch zwischen dem Mittleren und dem Königstor eng an der Stadtmauer entlanggeführt bis zur Einmündung in den Augraben von Süden her. Dies bestätigt auch der Chonist Moll, der diese Wassergräben aus eigener Anschauung kannte.

Fischhaltung in den Wasser-Gräben

In Zeiten, die keine gesicherte Ernährung der Bevölkerung kannten, ja immer wieder auch durch Hungersnöte gekennzeichnet waren, nahm man jede Möglichkeit wahr, die meist prekäre und auf alle Fälle kostspielige Versorgung mit Fleisch zu verbessern. Es lag in Oettingen, wo heute noch ein »Stadtfischer« den Fischreichtum der Wörnitz zum Wohl der Bürgerschaft pflegt und nutzt, auch nahe, daß man in den dafür geeigneten Grabenpartien, nämlich dem Holz- (Aich-), Au- und Schnitzerturmgraben[15] Fische hielt. Sie wurden als halbwüchsige Setzlinge in der Regel im März eingesetzt, und die Gräben im November wieder »ausgefischt«.

Da lieferte z.B. 1629 der gräfliche Hausvogt für 6 Gulden 40 Kronen 79 Pfund an halbgewachsenen Karpfen, 1630 waren es 230 Karpfen- und Orphensetzlinge. Im Jahre 1631 setzte man für 12 Gulden, 250 Karpfen und Weißorphen ein, und 1633 zweihundert junge Karpfen. Darüber, daß im Graben einzeln mit Segel oder Garn gefischt wurde, haben wir nur eine einzige Nachricht von dem Stadtfischer Michael Fischer aus dem Jahre 1645 vorliegen. In der Regel wurde die Ernte der im Frühjahr eingesetzten Fische im November durch den dazu von amtswegen bestellten »Fischer« gegen 1.15 fl (= 1 Gulden 15 Kreuzer) später 1 Gulden Bezahlung pro Graben vorgenommen. Dabei wurde der Zufluß gesperrt und das in den drei Gräben stehende Wasser abgelassen. Bis das Wasser abgelaufen war, wurden die Fische drei Tage und Nächte lang gehütet, was der Bürger Stark z.B. im Jahre 1626 für 1 Gulden und sechs Kreuzer besorgte.

Die Bedeutung dieses Grabenausfischens wurde dadurch unterstrichen, daß entweder der äußere Bürgermeister allein oder mit ihm auch der innere bei jedem Grabenausfischen zugegen war und anschließend gemeinsam mit den Fischern eine Mahlzeit eingenommen wurde. Darüber, wie das im Jahre 1630 vor sich ging, berichtet die Baurechnung so: »Beed Burgermeister und der Stadtschreiber haben in Fischung dieser Gräben mit dem Fischer zu drei unterschiedlichen Malen verzehrt für 4 Gulden 26 Kreuzer. Simon Lill und 2 Amtsknechten, so halfen fischen, wurden zum Verzehr geben 42 Kreuzer«[16].

Die Wörnitzbrücke

Die alte Wörnitzfurt im Osten der Stadt, auf der Höhe von Hainsfarth (Heimesfurth), wurde sicherlich spätestens im 14. Jahrhundert nahe der heutigen Brücke durch eine steinerne Wörnitzbrücke ersetzt. Sie wird bereits im Jahre 1416 unter den Bauten aufgeführt, deren Baulast durch das Gemeinschaftswerk des Drittelbaus[17] (siehe unten Seite 25) getragen wurde. In der ersten von dieser Einrichtung erhalten gebliebenen Baurechnung (über die Errichtung eines Türmleins auf der Durchfahrt des inneren Mittleren Tors)[18] wird festgehalten, daß im Zuge dieser im Jahre 1511 getätigten Baumaßnahme sechs Pfund und 20 Pfennige ausgegeben wurden[19], »um 40 Fuder Stein zu klauben, mit denen man die Wernitzbruck allenthalben beschuht hat«, und drei Pfund wurden »den Gesel-

Die alte Wörnitzbrücke
Die wichtige Wörnitzbrücke hatte von der Stadt her steinerne Bögen und an diese anschließend zwei hölzerne Joche, die im Gefahrenfalle abgebrochen werden konnten, so daß die Brücke nicht mehr passierbar war. (Ausschnitt aus der Stadtansicht von G.S.C. Faber von 1776).

Stadtansicht von Osten aus gesehen mit der Wörnitzbrücke. (Zeichnung von C. Leibig von 1893).

len geben zum Trinken, die die stain auf der Bruck eingeebnet haben«[21].

Aus dem Jahre 1606 ist dann auf einer Unkostenrechnung die Rede von Kosten, die entstanden sind aus Anlaß der »Erbauung und hernach Herstellung der wieder eingefallenen Wörnitzbrügken« und im Jahre 1618 von einem »Protocollum zu einem von Daniel Scharpfen, Werkmeister in Nürnberg, gelieferten Abriß (Plan) der Wörnitzbruckh.[20]

Die Wörnitzbrücke war ein besonders wichtiger Bau innerhalb des Oettinger Bauwesens, nicht nur, weil sie den Übergang über die Wörnitz sicherte, sondern auch, als sie zugleich Grenzstation wurde zu dem markgräflich ansbachischen Gebiet auf dem linken, östlichen Ufer des Flusses. Sie hat deshalb an allen Maßnahmen teil, die zur Verstärkung der Stadtbefestigung durchgeführt wurden; so erhielt sie an der Grenze zu Ansbach ein aus starken eichenen Bohlen gezimmertes und mit »Spezialschlössern« gesichertes Torgatter, das stark bewacht wurde. 1632 wurde zusätzlich eines von vier »brettenen« Wachthäuschen für den Wachtposten »vor der Uhlin Haus« gegen(über) der Wernitzbruck« aufgestellt, 1644 mußten bereits die »Torschranken und Saulen« des Gatters erneuert werden, 1645/6 folgte das Gatter nach. 1648 schließlich wurden die beiden östlichen äußersten Joche der Brücke ausgebessert, die man, um sie im Falle der Gefahr rasch abnehmen und so die Brücke unbenutzbar machen zu können, aus Holz gebaut hatte. Noch 1785 wurden für eine weitere Instandsetzung der Wörnitzbrücke nicht weniger als 429 Gulden ausgegeben[21]. Das Teilungslibell von 1744 schildert die Brücke als ein Bauwerk im Wert von 15.075 fl. »mit 430 Schuh (rund 140 m) Länge und 15 Schuh (4,50 m) Breite, massiv, aus Quadersteinen auf sieben Pfeilern, mit sieben steinernen Bögen und zwei hölzernen Jochen, einem kleinen Austrittsbrücklein und Gattertor in der Mitten.«

Als die Brücke an der Grenze zur Markgrafschaft Ansbach lag, kam es zwischen den beiden Nachbarn hin und wieder auch zu Reibereien. Noch 1796 wurde von den preußisch gewordenen Ansbachern auf die Brücke eine Grenzsäule gesetzt, mit dem schwarzen Adler, Szepter und Krone, beide vergoldet, und der Aufschrift »Königlich Preußische Grenze – Territoire Prussienne«. Vor der Wende zum 20. Jahrhundert wurde die alte Brücke abgebrochen und durch eine Würzburger Firma (Noell) in moderner Eisenkonstruktion für 71 000 Mark eine neue Brücke erstellt und im Mai 1898 dem Verkehr übergeben. Die einheimische Firma Engelhard hatte den Einbau der Widerlager besorgt. Diese Brücke hat keinen so langen Bestand gehabt wie ihre Vorgängerin, sondern wurde am 23. April 1945, einen Tag vor dem Einrücken der amerikanischen Truppen, gesprengt. Bis zum Neubau der heutigen, modernen Brücke diente eine auf den stehengebliebenen Fundamenten der alten Steinbrücke errichtete Notbrücke dem rasch wieder anwachsenden Verkehr über den Fluß.

Blick auf die Wörnitzbrücke von Süden um . . .

Die Rolle des Turmes der Jakobskirche in der Oettinger Stadtbefestigung

Türmer, Torwächter, Tag- und Nachtwächter und (später) ein Polizeikommando

Zu den notwendigen Wehrbauten einer Stadt gehörten im Mittelalter auch hohe Türme oder zum mindesten ein hoher Turm, von dem aus man nicht nur das Geschehen in der mauerumgürteten Stadt, sondern über diese hinaus auch das Umland im Auge behalten und, was dort auffällig oder gar gefährlich war, festhalten und gegebenenfalls sofort weitermelden konnte. Nicht immer stand dieser Turm inmitten der Stadt, sondern bisweilen auch irgendwo am Rande. Immer aber war er so plaziert, daß man von ihm aus alles erfassen konnte, von dem Gefahr für die Stadt und ihre Bewohner ausgehen konnte. Dies gilt auch vom rund 60 m hohen Turm der Oettinger Jakobskirche. Von Anfang an war er auch als Wach- und Wehrturm für die Stadt gedacht und deshalb auch so hoch aufgeführt worden. Er deckte auch das innere Obere Tor zu seinen Füßen und die an dieses anschließenden Oettingen-Spielbergischen Schloßbauten ab, die ja keinen eigenen Bergfried hatten. Auch die ihm im Stadtdrittelbau bewußt zugelegte Bezeichnung »Hohe Wacht« deutet auf die dem Turm neben seinen kirchlichen Zwecken bewußt zugedachten Wachaufgaben hin.

Wenn man vom Umgang des Jakobsturms den Blick über den Nordteil der Stadt und ihr Vorland schweifen läßt, erkennt man sogleich, daß dieser Turm mit sicherem Gespür an einen für Beobachtungsaufgaben idealen, den ganzen Raum des nördlichen Rieses beherrschenden Punkt gesetzt wurde. Man versteht dann auch, warum man ihn durch Aufsetzung des Oktogons auf die Plattform des quadratischen Unterbaus 1565 auf eine solche Höhe führte, wie sie für einen reinen Kirchturm nicht erforderlich gewesen wäre. Von seinem Umgang konnten mögliche Angreifer auch beschossen werden, ebenso aus den schmalen Öffnungen, die dem Turminnern zugleich Licht zu geben hatten. Bei der Verteidigung gegen den Überfall der Kaiserlichen vom Juni 1634 wird von ihm auch diese Abwehrfunktion bestätigt. Daß man von Anfang an entschlossen war, die wichtige Wachfunktion des Turmes auch wahrzunehmen, beweist die Tatsache, daß er bereits im Jahre 1496 in dem er auch eine Uhr erhielt, mit zwei Türmern (Türnern) besetzt wurde, denen er auch ein »Logement« bot. Ein Auszug aus den Drittelbaurechnungen mag verdeutlichen, welche Lasten in den Jahren 1629 bis 1631 für die Hohe Wacht und ihre Türmer anfielen:

»1629 eine Wasserkufe auf den Turm (zum Sammeln von Regenwasser)
eine neue Gloggen auf die hohe Wacht

1631 eine neue Anläutglocke und eine Uhr für die Türmer
eine Sonnenuhr-Tafl mit Farben angestrichen und mit eisernen Klammern befestigt,
eine neue Tür
7 Ellen flächsernes Tuch und einen Leilach (Leintuch) in des Zuehalters Bett«.

Für das Jahr 1513 wird verzeichnet, daß jedem Türmer ein Jahreslohn von 2½ Gulden und 1 Pfund Heller gegeben wurde, 1818 wurden für die Turmwache 52 Gulden 40 Kreuzer verbucht[23].

Auf dem Jakobsturm hatten seit der Reformation zwei Türmer, ein evangelischer und ein katholischer, Tag und Nacht Wache zu halten.[24] Sie hatten die Aufgabe, morgens, nach Öffnung des Oberen Tores, mittags, nach 12 Uhr, und abends, nach Schließung des Tors in Richtung der Stadt und zum

Schloß hin drei geistliche Lieder zu blasen. So oft Leute vor oder durch die Stadt reiten wollten, wurden sie, wenn es mehr als zwei Personen waren, angeblasen, nach dem Woher und Wohin und nach der Zahl der Reitenden gefragt. War es eine größere Gruppe, deren Absichten nicht eindeutig zu erkennen waren, dann wurden die Tore geschlossen und Alarm geschlagen.

Bei einem Brand auf dem Lande hatten die Türmer das Feuerhorn zu blasen, bei einer Feuersbrunst in der Stadt mit den Glocken anzuschlagen. Am Tage mußten sie dabei eine rote Fahne und nachts eine rote Laterne in der Richtung des Brandherds ausstecken. Dazwischen hatten sie auch Zeit zu musischen Dingen. Dazu gehörte auch Musikunterricht, was schon früh, für 1593, von dem jungen Michael Heiß aus Megesheim bezeugt wird, der bei dem Türmer Hans Wertheimer bei St. Jakob »sechs Jahr lang allerhand zur Musica gehöriger Instrumenta lernen sollte«. Den Wachen in der Hauptwache vor dem neuen Schloß und den Jakobstürmern war noch eine weitere, besondere Aufgabe gestellt.[25]

Der diensttuende Türmer hatte dem diensttuenden Wächter drunten in der Hauptwache am Schloßplatz zu jeder vollen Stunde ein dreimaliges, lautes »Hoy« zuzurufen, worauf dieser ihm mit dem gleichen Ruf antwortete. Auch die patrouillierenden Tag- und Nachtwächter und Polizeisoldaten riefen die Türmer mit »Hoy« an, worauf auch diese ihnen mit »Hoy« oder aber mit »Wächterla, i bin scho do!« geantwortet haben sollen. Alle Beteiligten erhielten für den »gewöhnlichen, stündlichen Hoy-Schrei« auch eine jährliche Zulage von »einem Oettinger Scheffel Roggen oder 10 Gulden.«

Bei ihrem nächtlichen Rundgang hatten die Nachtwächter mit einem Wehrspieß ausgerüstet, mit einer Trillerpfeife versehen und von einem Hündchen begleitet zu sein. Sie mußten ferner bei ihrem nächtlichen Rundgang zwischen 22 und 4 Uhr die Ankündigung jeder Stunde mit dem Vortrag erbau-

licher Liedverse begleiten, meist beginnend mit der Eingangsankündigung: »Hört, Ihr Herrn, und laßt Euch sagen... – Schaller und Wörlein[24] bringen in ihren Schriften Proben der in Oettingen vorgetragenen Nachtwächterverse und Wörlein rechtfertigt diese »gute und alte« Sitte gegen die neuzeitlichen Spötter mit den Worten: »Wenn *das* Mittelalter heißt, daß das Leben einer christlichen Stadt von christlicher Ordnung durchdrungen ist, so ist das Mittelalter nur löblich.«

Bis zum Beginn des Jahres 1882 hielten sich das Nachtwächteramt und die ihnen mit den Türmern von St. Jakob gebotenen Wechselrufe in der Stadt Oettingen. Dann mußten auch sie der Technik weichen. An ihre Stelle traten Stillwächter, deren dienstliche Gewissenhaftigkeit man an bestimmten Stellen durch Kontrolluhren überwachte. Der gleichen Kontrolle wurden auch die Jakobstürmer unterworfen, ein Wechsel, der von den Freunden des Hergebrachten bedauert, von denen des Fortschritts aber begrüßt wurde.

Wenn da und dort auch die Meinung geäußert wurde und wird, daß der 28 m hohe stattliche Turm bei der Gruftkapelle schon zur mittelalterlichen Silhouette der Stadt Oettingen gehörte, so trifft dies nicht zu. Dieser ist im Jahre 1711 unter Fürst Albrecht Ernst II. einem vorhandenen mittelalterlichen Unterbau aufgesetzt worden und hatte keine Wehraufgaben mehr zu erfüllen.

Die Unmöglichkeit, einen allgemeinen Landfrieden aufrechtzuerhalten, in Zeiten, in denen die Zentralgewalt darniederlag, ausländische Heere sich auf deutschem Boden tummelten und in Kriegszeiten Marodeure plündernd durchs Land zogen, war eine der Ursachen, welche die Städte und Märkte veranlaßten, ihre Befestigungen, Mauern und Tore, Wälle und Gräben Jahrhunderte hindurch in einem guten Stand zu halten. Auch das Geleit, das die Grafen von Oettingen in ihren Landen auszuüben berechtigt waren, konnte zwar einzelnen Reisenden die erwünschte Sicherheit bieten, es konnte aber niemals im alltäglichen Verkehr die Sicherheit aller Reisenden gewährleisten. Auch innerhalb der Mauern und Gräben der befestigten Städte fühlte man sich nicht so sicher, daß nicht die ganze Nacht hindurch und bei Tage alle für die Gewährleistung der Sicherheit wichtigen Punkte besetzt und unter Aufsicht gehalten worden wären. Wenn sich aber eine Gefahr abzeichnete, mußten zusätzliche Posten besetzt werden. So war es auch in Oettingen, wo z.B. im Jahre 1673 »wegen ausgebrochener Kriegsgefahr alle Tag- und Nachtwachen verstärkt und alle Wachtstuben, sonderlich das Wachthäusel auf der Mauer beim Oberen Tor haben repariert werden müssen.«[27] Bei normalem Dienst wurden an den Toren grundsätzlich zwei Dienste unterschieden: die des Torwarts[28], der mit seiner Familie zumeist im Geschoß über der Tordurchfahrt seine Wohnung hatte und das Öffnen und Schließen der Tore und, falls erforderlich, die Alarmierung weiterer Hilfen zu veranlassen hatte, und zweitens die Torwächter, meist vier an der Zahl, an jedem Tor, denen die Bewachung des Verkehrs und in Gefahrenzeiten die sofortige Schließung des Tores auferlegt war[29]. Ihnen stand als Aufenthaltsraum entweder eine Wachtstube im Tor selbst oder ein nahe beim Tor errichtetes Wachthäuschen zur Verfügung. Die Tore wurden bis 1807 mit dem Gebetläuten morgens geöffnet und abends geschlossen. Für Reisende, die sich ausweisen konnten, gab es auch nach der Schließung der Tore ein schmales Einlaßpförtchen, im Volksmund »Nadelöhr« genannt. Nach den Akten der »Polizeibehörde Oettingen« erhielten die mit dem Wachdienst betrauten Personen im Jahre 1818 folgende jährlichen Besoldungen: der untere, mittlere und obere Torwart 1 Gulden 37 Kreuzer 4 Pfennige (sie konnten nebenbei noch ein Handwerk ausüben). Den vier Nachtwächtern in der Kernstadt wurden 18 Gulden 30 Kreuzer, den beiden Nachtwächtern in der Unteren Vorstadt 17 Gulden 30 Kreuzer und ihren beiden Kollegen in der Mittleren und Oberen Vorstadt 19 Gulden 30 Kreuzer bezahlt. Dazu kamen ein Holzfuhrlohn für fünf Klafter Nachtwächterholz und in ihrem Ruhestand an jedem Quatember (vierteljährl. kath. Fasttag), »aus Gnaden« 1 Gulden. Im 17. und 18. Jahrhundert gab es keine Stadtpolizei, sondern ein militärisch organisiertes örtliches Polizeikommando, dem ein Stadthauptmann vorgesetzt war und das ganz allgemein Ruhe und Ordnung aufrechtzuerhalten hatte. Seine ordnende Gewalt war besonders wichtig bei den Oettinger Roß- und Viehmärkten.[24] Diese erfreuten sich gegen Ende des 18. und zu Anfang des 19. Jahrhunderts einer starken Beschickung, so wurden am 29. März 1787 163 Pferde und 416 Rinder zugetrieben, am Faschingsmarkt 1788 waren es 355 Pferde und 560 Ochsen, am 4. März 1818 wurden 1893 Rinder und am 1. August 1832 1800 Stück Hornvieh zum Verkauf angeboten.

Um hier den Verkehr zu regeln und einen reibungslosen Verlauf zu gewährleisten, war ein voller Einsatz des örtlichen Polizeikommandos erforderlich. Das wurde auch durch eine entsprechende Ausgabe von weißem Freibier anerkannt, und zwar erhielten am 15. Januar 1763 der Stadthauptmann Hoch 6 Maß, Stadtleutnant Hummel 5 Maß, der Feldwebel 4 und der Corporal 3 Maß verabfolgt. Dem Obristen aus der Rathauswacht und dem Tambour wurden je 3 Maß zugedacht und jedem Torwart unter den Toren 1/2 Maß. Das ergab 98 1/2 Maß. Die Maß wurde mit 2 Kreuzern berechnet, was eine Zeche von 3 Gulden 17 Kreuzern ausmachte.

Schließlich wurden auch noch 2 Offiziere und 2 Tambours nicht vergessen, die zwar nicht auf dem Markt gewesen waren, aber an der Vergatterung und dem Zapfenstreich mit »Hornumschlagen« teilgenommen hatten. An den Toren stand bis 1781 eine ständige Wache von vier Mann.

Der sogenannte »Stadtdrittelbau«

auch »Concurrenz zu den Stadtbauten und zu den Besoldungen städtischer Diener in Oettingen« genannt

Im Jahre 1416 vereinbarten die beiden Brüder Graf Ludwig XI.[22] und Graf Friedrich III. von Oettingen, wie bereits berichtet, eine Teilung der Grafschaft in zwei gleichwertige Hälften. Die hierbei im Augenblick der Teilung erreichte Ausgewogenheit ließ sich auf Dauer sicherlich nicht halten, weil jede neue Besitzänderung auch das Gleichgewicht ändern mußte. Als die Linie des Grafen Friedrich III. wenig später im Jahre 1423 erlosch, wurde die Teilung unter den Nachkommen Graf Ludwigs XI. aufrechterhalten und so der Grund gelegt zu der späteren Teilung in die Herrschaften Oettingen-Oettingen und Oettingen-Spielberg. In dem Teilungsvertrag von 1416 wurden auch die Bauten festgelegt, welche mit ihren Zugehörungen den beiden Herrschaften gemeinsam zu eigen bleiben sollten.

Ludwig XI., Graf zu Oettingen
Kloster Kirchheim

Friedrich III., Graf zu Oettingen
Kloster Kirchheim

Gemeinsam gehören sollten ihnen weiterhin auch Wasser, Weiden, Wege, Stege und die Brunnen in der Stadt. Was die gemeinsamen Bauten, Befestigungen und Brücken betrifft, so vereinbarte man wörtlich: »Item alle Torwachen und -wächter, alle Torbruggen und was an der stat (Stadt) zu buwen (bauen) notdürftig ist, die sollen von gemeinem (gemeinsamem) tail aufgericht und gebuwen (gebaut) werden.«

In dieser Regelung scheint zwischen den Jahren 1416 und 1511 zu einem bis heute noch nicht genau ermittelten Zeitpunkt insofern eine Änderung vorgenommen worden zu sein, als zu den zwei gräflichen Herrschaften die Stadt Oettingen als dritter gleichberechtigter Partner hinzugezogen wurde. Sie tritt jedenfalls bei der im Jahre 1511 erfolgten Errichtung eines neuen Torturms beim inneren »Mitteltor« zusammen mit den Repräsentanten der beiden gräflichen Häuser (»Castner« oder »Ambtleut« genannt) als mitbestimmende Partei auf. Auch diese wohl außerordentlich seltene Regelung war eine Oettingische Besonderheit. Sie trug den offiziellen Namen »Gemeinschaftsgebäu« oder »Stadt-Drittel-Bau«.

Einer Äußerung des letzten »Ministerpräsidenten« des regierenden Hauses Oettingen-Spielberg, Johann Baptist von Ruoesch, ist zu entnehmen, daß die Stadt seinerzeit, um beim Drittelbau beteiligt zu werden, zugunsten der beiden herrschaftlichen Häuser auf den »Bierpfennig«, das sog. Ungeld, verzichtet habe. Sie hat sich damit einer wichtigen Einnahme begeben, dafür aber auf der anderen Seite schon sehr früh ein Stück Demokratie gewährt bekommen, ein sonst damals nicht übliches Mitspracherecht (von Untertanen) und eine nicht unbedeutende Einflußnahme auf wichtige, in der Stadt gebaute oder noch zu bauende Anlagen. Ihre Mitbestimmung erstreckte sich ebenso auf die Besoldungen der bei diesen Bauten eingesetzten Bürger.

Diese einvernehmliche Planung, Errichtung, Unterhaltung und Instandsetzung gemeinsam betriebener Bauten, Brücken, Wehranlagen, Wasserleitungen, Gräben und Wälle hat mehr als drei Jahrhunderte lang bestanden. Wenn auch nicht feststeht, in welchem Jahr die Hinzuziehung der Stadt vereinbart wurde, darf man doch annehmen, daß dieser Zeitpunkt näher beim Jahre 1416 liegt als beim Jahre 1511, denn auf der Abrechnung des Mitteltorturms erscheint der Stadtdrittelbau bereits als eine gewohnte Übung, die sich eingespielt hatte. Bei allen wichtigen Entscheidungen treten seine Repräsentanten unter der fast schon formelhaft gebrauchten Bezeichnung auf »beed ambtleut und ain rat«. Sie treffen einvernehmlich die beim Bau wichtigen Anordnungen, jeweils beim Beginn neuer Bauphasen (beim Mitteltor am 19.3., 4.5., 27.8., 21./29.9. und 15.11.1511). Nach dem Abschluß einer Baumaßnahme wurden die Gesamtkosten in drei gleiche Teile geteilt und die auf jeden fallende Anteilssumme festgestellt. Bei dieser außergewöhnlichen Vereinbarung wurde freilich auch nur eine ganz bestimmte Gruppe von Gemeinschaftseinrichtungen und Besoldungsleistungen festgelegt, deren Kosten gemeinsam zu tragen waren. Beim »Gemeinschaftsgebäu« betraf sie die bauliche Errichtung, Erhaltung, Erweiterung, Erneuerung und Wiederherstellung der in der Vereinbarung festgelegten Objekte. Jedes Jahr wurde eine offizielle Abrechnung erstellt, und zwar nicht von Januar zu Januar, sondern von Walpurgistag zu Walpurgistag. Von diesen Jahresrechnungen sind im fürstlichen Archiv Harburg und vor allem im Stadtarchiv Oettingen zahlreiche Exemplare erhalten. Leider beginnen sie im Stadtarchiv erst zu Ende des 16. Jahrhunderts (1589/90) und im fürstlichen Archiv Harburg mit dem Jahre 1629. Zuvor sind vom Drittelbau nur wenige Einzelakten erhal-

*) später von Michaelis bis Michaelis

ten. Die jährliche Rechnungslegung lief dann fast ununterbrochen bis zum Jahre 1808 und erstreckte sich auf folgende Rubriken[30]:

Underhaltung gemeiner statt
Häuser thor undt Mauren
Underhaltung der steg, weg und
bruckhen,
Underhaltung gemeiner statt
gräben und weyher
Underhaltung der Röhr Cästen
und wassergebäu

Folgende Baulichkeiten befanden sich in der Baulast des Drittelbaus.
1. das Rathaus
2. die Hohe Wacht
3. der sog. Königsturm
4. das innere Mittlere Tor
5. die Stadtmauer (excl. Herrschaftsanteil)
6. das Obere oder Schloßtor
7. das äußere Obere Tor
8. ein Stück Mauer beim äußeren Unteren Tor
9. die massive Steinbrücke beim äußeren Oberen Tor
10. das äußere Untere Tor
11. das äußere Mittlere Tor
12. das Wachthäuslein beim Oberen Tor
13. die Wörnitzbrücke
14. das gemeinschaftliche Stadtwasser mit sechs Brunnenstuben
15. zeitweilig: des Nachrichters (Henkers) Haus.

Der Stadtdrittelbau hatte sich bald so gut eingespielt, daß er von allen drei Seiten lange als etwas Selbstverständliches betrachtet wurde. In einem Schreiben der Stadt an die gräflichen Herrschaften (»Hochgeborener Herr Reichsgraf, Gnädiger Graf und Herr«) vom 2. September 1732 aus Anlaß der Errichtung eines neuen »Rohrkastens« (Brunnens) für das »Stadtwasser« heißt es, daß zu dessen Kosten »*altem Herkommen gemäß*« beide hohe Herrschaften und die gemeine Stadt Oettingen, jedes ein Drittel (mit 337 Gulden und 53 Kreuzern) beizutragen hat.«[31]

Daß die Entscheidungen auf diesem kostenträchtigen Gebiet nicht immer rasch abgewickelt werden konnten, liegt in der Natur der Sache. Sie wurden nicht einfacher, als nach dem Erlöschen der Linie Oettingen-Oettingen im Jahre 1731 deren Drittel vom Hause Oettingen-Spielberg zusätzlich übernommen werden mußte. Sie wurden, wie wir sehen werden, nochmals erschwert, als Octtingen-Spielberg im Zuge der Mediatisierung 1806 die Landesherrschaft abgeben und mit der Standesherrschaft vorliebnehmen mußte. Die sehr sorgfältig geführten, zeitweilig auch ein Bemühen um eine gefällige äußere Form verratenden Jahresrechnungen im Drittelbau sind ein Ruhmesblatt für die Beteiligten, denn es ist nicht bekannt geworden, daß auch nur einmal eine Rechnung nicht anerkannt worden sei. Diese Rechnungen sind außerdem bleibende Zeugnisse für die Sparsamkeit im Umgang mit öffentlichen Geldern und das Wissen um die gemeinsam zu tragende Verantwortung für das gemeinsame Wohl. Unter den in den Stadtdrittelbau einbezogenen Bauten finden sich, wie wir oben sahen, alle Wehrbauten und daneben nur wenige andere, die nicht zur Stadtbefestigung gehören, wie das Rathaus und die Wörnitzbrücke. Zeitweise gehörte auch »des Nachrichters Haus« zum Drittelbau. Das »Stadtwasser« wurde wohl der »nassen« Stadtgräben wegen zu den Wehranlagen gerechnet. Es wurde in der Drittelrechnung mit seinen Gräben und Rinnen unter der Rubrik »Gräben und Weyher« neben dem »Wassergebäu« auch jahrhundertelang gesondert aufgeführt.

Titelblatt der Drittelbaurechnung für die Jahre 1659/60

RECHNUNG
Was im Drittelbey

Gemeiner Stadt Oettingen von Michaelis
Anno 1659 Inclusive bis wieder dahin Anno 1660
Exclusive verbauet und ausgeleget worden

Diese Rechnung ist vom Gemeinen Rathaus allhier
uf Ratification der Hochgeborenen Unserer
allerseits Gnädigen Herrschaft durch
endsunterschriebene abgehört und aufgenommen worden.

Martinus Serro

Jakob Haberlen, Gräfl.
Oettingischer Pfleger allda

Das 16. Jahrhundert:
Umbau bestehender und Bau neuer stärkerer Wehrbauten

Prosp. von dem Hochfürstl. Schloß gegen der Evangl. Kirche und dem Seminario in Oettingen.

Im 16. Jahrhundert ist in der Waffentechnik und im Bau von Befestigungsanlagen eine neue Bewegung festzustellen. Sie ist zurückzuführen auf eine inzwischen erzielte Verbesserung der Angriffswaffen, auf welche die Städte mit Um- und Neubauten der eigenen Wehranlagen antworteten.

Wie im benachbarten Nördlingen, wo im 16. Jahrhundert und bis in das 17. Jahrhundert hinein die bisher gotisch-schlanken Bauformen aufgegeben und durch stärkere Fortifikationen ersetzt wurden, so wurden auch in Oettingen zur gleichen Zeit die drei (inneren) Haupttore umgebaut und verstärkt. Durch Errichtung vorgeschobener »äußerer« Toranlagen und Anlegung des Augrabens wurde erst ein geschlossenes Befestigungssystem geschaffen.

Eine Stadtansicht von 1570

Was hier in zusammenfassender Vorausschau auf der Grundlage archivalischer Quellen über die Wehrbauten ausgesagt wird, die im 16. Jahrhundert an der Oettinger Stadtbefestigung neu errichtet, ausgebaut und verändert wurden, findet eine teilweise bildliche Ergänzung in einer farbigen Ansicht des Ostteils der Stadt, dargestellt auf einer Karte des westlichen Bereichs des Fürstentums Pfalz-Neuburg von 1570. Sie ist die älteste bekannte Ansicht Oettingens und wurde von dem Hersteller in eine neuburgische Karte miteinbezogen und durch ausdrückliche Beifügung von Wappen und Ortsnamen »Oeting« als nicht zu Pfalz-Neuburg gehörig ausgewiesen. Dieser Kartenteil ist nicht mit der gleichen Genauigkeit und »Naturtreue« (Grünenwald) gezeichnet wie die neuburgischen Städte Monheim und Wemding. Wohl um möglichst viel von Oettingen zu zeigen, hat der Kartenhersteller einzelne Bauwerke näher zusammengerückt, als sie in Wirklichkeit zueinander standen. Das erschwert ihre Identifizierung.

Elisabeth Grünenwald hat diese Karte bereits im Jahre 1965 bearbeitet und in Heft 2 des »Daniels« über sie berichtet. »Da liegt auf einer Karte mit dem westlichen Teil von 1570 die Stadt Oettingen am Rande, ja zur Hälfte von diesem überschnitten«. Sie identifizierte auf ihr die überdachte Wörnitzbrücke, die charakteristische Anlage der Mittleren Vorstadt, das Mittlere Tor, den – allerdings mit mehreren bisher niemals vorhanden gewesenen Türmchen – besetzten Mauerring, die heutige Gruftkapelle und den Vorgängerbau des gegenwärtigen Schlosses. Obwohl Frau Grünenwald diese Stadtansicht zu Recht als »stark vereinfachte und nur annähernd naturnahe Darstellung« bezeichnete, kommt ihr doch dokumentarischer Wert zu. Zu den von Frau Grünenwald genannten Mängeln kommen noch solche der äußeren Darstellung hinzu: die Konturen der einzelnen Objekte erscheinen verschwommen und nicht genau wahrnehmbar. Horst Prager hat versucht, diese Konturen nachzuziehen und hat auf dieser Grundlage eine Rekonstruktion der auf der Neuburger Karte gegebenen Darstellung erarbeitet, die im Anhang (unter Anlage 2) dem Originalbild gegenübergestellt wird. Mit ihr hat er eine weitere Identifizierung von bisher nicht gedeuteten Bildteilen versucht und das Ergebnis seiner Überlegungen in einer Tabelle zusammengestellt, auf der neben den von Elisabeth Grünenwald bereits festgestellten Einzelobjekten noch weitere Bildobjekte den Gebäuden und Anlagen der Stadt gleichgestellt werden, die um 1570 bereits in der Stadt bestanden. Diese Darstellung wird – vergrößert – auch im Anhang mit der Tabelle auf Anlage 2 nochmals wiedergegeben. Jedermann kann dabei selbst entscheiden, welcher Identifizierung er sich anschließen will und kann.

Die einzelnen Baumaßnahmen des 16. Jahrhunderts

Im fürstlichen Archiv auf der Harburg wird ein längliches, schmales Aktenstück[37] aufbewahrt, in welchem auf 48 Seiten genau und fein säuberlich die Einnahmen und Ausgaben verzeichnet sind, die im Stadtdrittelbau anfielen, »als man das Mitteltortürnlein gepawen (gebaut) hat.« Die wörtliche Wiedergabe dieses »Specialregisters aller getroffenen Maßnahmen« würde den Rahmen dieser Abhandlung sprengen. Es sollte aber bei Gelegenheit an anderer Stelle wegen des für die Wirtschafts- und Baugeschichte des Rieses sehr interessanten Inhalts einmal ungekürzt veröffentlicht werden.

Die Aufzeichnung beginnt mit einer Aufstellung des beim Abbruch des bisherigen Toraufbaus angefallenen Materials, seines Verkaufswertes bzw. späteren Verwendungszweckes und der beim Abbruch entstandenen Kosten. Schon hier zeigt sich die rühmliche Sparsamkeit, die man in Oettingen zu beachten pflegte. Zum Zwecke des Neubaus trafen sich sodann zwei Amtmänner der beiden Grafenhäuser und ein Mitglied des Rates der Stadt am 19. März 1511 zu einer ersten Besprechung der hier gestellten Aufgabe. Zu einem ersten Ortstermin verfügten sich dann »beed ambtleut und ain Rat« am 26. Mai »uff das torhus«, um »ratzuschlagen um des Pawes halben«. Am 21. Juni 1511 war der Baukörper des »türnleins« bis zum Dachwerk (Tagchwerck) gediehen, was mit einem kleinen Fest für die beteiligten Männer gefeiert wurde. Nach Errichtung des Dachstuhls, der Eindeckung des Turms mit Heidenheimer Ziegeln und der Aufsetzung einer Turmfahne mit Knopf und gräflichem Wappen wurde der Rohbau am Martinstag 1511 abgeschlossen, abgerechnet und bezahlt. Die parallel zum Dachaufbau weitergeführten Ausbau- und Innenputzarbeiten konnten noch vor Einbruch des Winters ebenfalls zu Ende geführt werden. Die »Wachstube« des ersten Stocks erhielt die ihr zukommende Möbeleinrichtung samt neuem Kachelofen. Die Tordurchfahrt erhielt ein neues »Schoßgatter«. Auch die ganze Umgebung des Mittleren Tores: Baustelle, Graben und die Partie der den Turm durchlaufenden Stadtmauer, einschließlich einer Verstärkung der Pfeiler der nahen Wörnitzbrücke waren »mit Wissen der beiden gräflichen Kastner und aines Rats« durchgeführt worden. Nachdem der Dank des Drittelbaus ausgesprochen und mit gewissen geldlichen Aufmerksamkeiten verbunden worden war, erhielten der Stadtschreiber »für Mühe und Schreiberlohn« noch einmal sechs Pfund und zu einer »Hebung« (Hebauf?) auch noch 60 Pfennige. Ganz zum Schluß wurden als Gesamtkosten (Summa summarum) aller Ausgaben 200 Gulden, 3 Pfund und 1½ Pfennige festgestellt, was für drei Beteiligte je 66½ Gulden 67½ Pfennige ausmachte. Besondere Kennzeichen dieser Abrechnung sind, daß es damals keine Baufirma und keine Unternehmer gab, von denen der Bau geplant und insgesamt ausgeführt wurde, und ebensowenig Architekten für die reine Planung. Man war sich auf seiten der Bauherren einig über den Typus des »Türnlins«, das man der stehengelassenen Tordurchfahrt aufsetzen wollte. Die einzelnen Lose aber wurden erfahrenen Handwerksmeistern übertragen, und zwar die Maurerarbeiten dem Caspar Maurer aus Megesheim und die Zimmererarbeiten dem Meister Laux aus Thannhausen. Bei den Eintragungen in den Drittelbaurechnungen wurden keine Angaben gemacht über die Zahl der Stockwerke. Wir sind hier auf genauere archivalische oder bildliche Dokumentationen angewiesen.

Wenn man die Abbildung auf der pfalz-neuburgischen Karte mit einer späteren, sehr genauen Darstellung des (inneren) Mittleren Tores vergleicht, die noch behandelt wird, dann kann man zu der Auffassung gelangen, daß die frühe, pfalz-neuburgische Darstellung des Mittleren Tores im großen und ganzen durchaus der baulichen Gestalt entsprechen kann, welche dem Tor bei der oben behandelten Baumaßnahme von 1511 gegeben wurde, auch wenn an diesem Bauwerk in der Folge noch mehrmals ergänzende und erweiternde Baumaßnahmen vorgenommen wurden, die sein Aussehen in Teilen veränderten.

Im Bauakt über dem Turmbau werden eingangs neben mitbestimmendem Ratsmitglied als Vertreter der Stadt auch zwei Bürgermeister aufgeführt, von denen einer ausdrücklich der »äußere« genannt wird. Hierzu teilte Elisabeth Grünenwald mit, daß in Oettingen im Jahre 1496 eine Gliederung der Verwaltung in zwei Gremien, einen »Inneren« oder »Alten-Rat« und einen »äußeren« oder »Größeren Rat« neu eingeführt wurde. Wenn im Drittelbau nun, beginnend mit dem Turmbau gleichsam als Vertreter dieser beiden Gremien ein »innerer« und ein »äußerer« Bürgermeister genannt werden, die bei Einkäufen und Transporten von Baumaterialien (1511), oder bei der »Ausfischung« der Wassergräben oder beim Schutzgeleit gefährdeter Transporte (1630 bis 1634) allein oder gemeinsam auftreten, so handelt es sich vielleicht um eine oettingische Besonderheit, die sich wohl jahrhundertelang bewährt hat.

Das innere Mittlere Tor erhält einen neuen Turm

Text- und Schriftprobe von der ersten Seite der Drittelbaurechnung
über den Bau des Mitteltorturms

(Vgl. auch Anlage 3)

Ein Nemen vnd außgeben alls man das mittel tortürnlein Gepawen hat	Einnahmen und Ausgaben als man das mittlere Tortürmlein gebaut hat.

Anno dm etc vndecimo vff Suntag vor Martini hatt Hans Manger alls Burgermaister auß befelch Georg Wolfs Linhart Ryettmüllers bed Castner und ains Rats von wegen des mittelln Torturns zu Otinng in beywesenn Sebastian Seusen eusser Burgermaister	Im Jahre d.H. etc. (15)11 auf Sonntag vor Martini hat Hans Manger als Bürgermeister auf Befehl Georg Wolfs (und) Leonhard Riethmüllers, beide Kastner, und eines Rats wegen des Mittleren Torturms zu Oettingen im Beisein von Sebastian Seus, äußerem Bürgermeister
Außgeben	ausgegeben

Von der Form her zeigt der Text die damals in der Recht-, wie in der Groß- und Kleinschreibung noch herrschende Regellosigkeit. In der ersten Zeile wird gekürzt, und zwar wird beim Datum die Jahrhundertangabe weggelassen, »dm« bedeutet »domini«.

Dem Oberen Tor wird der »Hohe Bau ob dem Stadttor« aufgesetzt

Weitere Verstärkungen im Nordteil der Stadt und in der Oberen Vorstadt

Das Obere Tor stellt sich heute als ein Straßentunnel von 32 Metern Länge dar, das deutlich in drei Abschnitte (Durchfahrten) unterteilt ist. Der mittlere Abschnitt ist der älteste Bauteil des Tores. Er stammt aus seiner Entstehungszeit und zeigt mit seinen romanischen Bögen noch die Merkmale der spätstaufischen Bauweise. Nach einem auch in anderen Städten geübten Brauch hatte man bei Umbauten die erdgeschossige Torhalle stehen lassen, um eine Lücke im Mauerring zu vermeiden. Mit deutlichen Leibungen ist dieser Mittelteil von der südlichen, stadtseitigen, und später auch nach 1416 der nördlichen, feldseitigen Durchfahrt geschieden. Sie können als Vorwerke angesprochen werden, die nach 1416 errichtet wurden, wohl um dem an sich schmalen Mittelteil von beiden Seiten her stärkeren Rückhalt zu geben.

Elisabeth Grünenwald hat in ihrer Abhandlung über »Das Schloß in Oettingen«[38] ihre Aufmerksamkeit auch der Rolle geschenkt, welche das Obere Tor gegenüber dem ostwärts anschließenden alten »Schloß der Münz« und beim Bau des neuen Schlosses zu spielen hatte. Dabei hat sie festgestellt, daß »das Obere Tor vom frühen 16. Jahrhundert an nicht nur Teil der Stadtbefestigung war, sondern auch Teil des Schlosses, und zwar zunächst als Teil des »Hohen Baus ob dem Stadttor«. Bei der Teilung von 1416 war dem Grafen Friedrich III. die sog. »Münz« als Residenz zugefallen. Man sprach seitdem vom »Schloß der Münz«. Da dessen Räume auf die Dauer für die Bedürfnisse des regierenden Grafen nicht ausreichten, wurden am Schloß der Münz *im 15. und 16.* Jahrhundert immer

Unter den sechs Stadtansichten, die Elisabeth Grünenwald 1983 einer näheren Betrachtung unterzogen hat, befindet sich auch eine vom Jahre 1656, auf welcher der Zeichner vieles, z.B. die Vorstädte, weggelassen hat. Dafür hat er die drei Tore der Stadtmauer, das Königstor, das Mittlere und das Obere Tor,... St. Sebastian und St. Jakob »unverkennbar aus eigener Anschauung dargestellt« (Grünenwald). Auf diese Weise besitzen wir auch eine bildliche Darstellung des Oberen Tores mit dem ihm aufgesetzten Hohen Bau. Wenn die Verfahrensweise bei der Fertigung der Stadtansicht auch ein Eingehen auf nähere Einzelheiten nicht ermöglicht, gewinnen wir doch einen Eindruck vom Aussehen des Nordteils der Stadt und seiner Silhouette mit der Jakobskirche, dem aus mehreren Einzelgebäuden bestehenden Oberen Schloß der Münz und dem Oberen Tor in der Zeit vor dem Bau des neuen Schlosses, durch den sein Aussehen stark verändert wurde. (Daniel 1965/2, S. 25)

Schießöffnungen (später barockisiert) an der Stadtinnenseite des Schloßtors.

wieder bauliche Veränderungen und Verbesserungen vorgenommen, bei denen man auch das am westlichen Abschluß des Münzschlosses stehende Obere Tor in die baulichen Überlegungen und Maßnahmen einschloß. Bei ihren Untersuchungen gelangte Frau Elisabeth Grünenwald zu dem Ergebnis, daß im Verlauf der Erweiterung des Münzschlosses wohl im frühen 16. Jahrhundert, der Obere Torturm unter Einbeziehung seines stadtseitigen Vorwerks in den neu zu errichtenden »Hohen Bau ob dem Stadttor« einbezogen und mit diesem auf fünf Geschosse aufgestockt wurde.
In deren erstem fanden Kanzlei, Küche und Holzkammer Platz, während im zweiten Stockwerk ein Saal und die für diesen benötigte Kammer eingerichtet wurden. Elisabeth Grünenwald hat für die bauliche Verbindung des Münzschlosses mit dem neuen »Hohen Bau ob dem Stadttor« auch an den Bauwerken selbst in zahlreichen baulichen Details Anhaltspunkte gefunden, durch welche diese Verbindung bestätigt wird, nämlich, daß das Tor und die angrenzende »Schildmauer« des sog. »Alten Langen Baus« des Münzschlosses nicht nur in einer Flucht, sondern auch im Mauerverbund zu einander gestanden haben. Für diese Verbindung beider Bauten spreche auch der zum Schutz gegen Eindringlinge von außen stadtseitig aufgebrachte Anschlag der Torflügel und der eine räumliche Verbindung von Torbau und Münzschloß bezeugende Ausweis der Torangeln. Sie schließt dabei auf eine bewußte fortifikatorische Ausstattung des Hohen Baues ob dem Tor, der auf diese Weise nach der Stadt- und Grabenseite hin verteidigungsfähig war. So könnten auch die barockisierten Lichtöffnungen über dem stadtseitigen Torbogen, wie beim Königstor, umgebaute Schießscharten sein.
1976/79 waren bei Bauarbeiten in der erdgeschossigen Küche des neuen Schlosses nach Entfernen des Putzes die westlichen Ortsteine (Kanten) der südwestlichen und nordwestlichen Ecke des bis zum Bau des neuen Schlosses (1679) hier freistehenden Oberen Tores (= Hohen Baues) bis zur Höhe des Barockgesimses zum Vorschein gekommen.
Im Jahre 1574[39], also über hundert Jahre vor dem Bau des neuen Schlosses, wurde im Zuge der damaligen Verstärkungsmaßnahmen an den Hauptbauten der Stadtbefestigung das Obere Tor »von neu gebaut« und mit einem Kostenaufwand von 164 Gulden über den Stadtgraben »eine Steinbrücken gewölbt und aufgemauert« und die Durchfahrt um das bereits erwähnte feldseitige Vorwerk verlängert[40], bei dessen Außenfront eine neue Schlagbrücke angebracht wurde, welche den Übergang über den dort vorbeiführenden, damals noch bewässerten Graben sicherte.

Das innere Untere Tor, auch »Königstor« genannt, erhält einen neuen Turm

Im Jahre 1594, zwanzig Jahre nach den am Oberen Tor vorgenommenen Umbauten, findet sich ein »Spezialregister«-Eintrag[36] »wegen des neuerbauten untern Torturms, so (welcher) sich auf 474 Gulden 45 1/2 Pfennige erstreckte«. Die erhebliche Summe besagt, daß wir es hier mit dem Bau der neuen inneren Unteren Toranlage zu tun haben, von welcher der stehengebliebene stattliche Torturm heute noch Zeugnis ablegt. Auch dieser neue Turm wurde auf die alte spitzbogige Durchfahrt aufgesetzt, welche heute noch Kreuzgratgewölbe und Reste von Buckelquadern aufweist. Auf ihr erhebt er sich in zwei quadratischen und vier achteckigen Stockwerken zu einer Höhe von rd. 20 Metern und wird gekrönt durch eine Kuppelhaube, die eine zierliche Laterne trägt. Keine 20 Jahre später, 1613, gab ihm der treffsichere Volksmund bereits den Namen »Königsturm«, durch welchen sein für die ganze Stadt einmaliger, repräsentativer Charakter schon sehr früh die gebührende Würdigung erfuhr.

Da wir aus dieser Zeit noch weitere Angaben aus den Jahresrechnungen des Stadtdrittelbaus vorliegen haben, können wir auch Rückschlüsse darauf ziehen, welche einzelnen Baumaßnahmen damals neben dem Bau des Torturms an diesem wichtigen Torbauwerk vorgenommen wurden. Bei aller sonstigen Unklarheit der Aussagen in den Drittelbaurechnungen läßt sich hier mit Sicherheit feststellen, daß dem inneren Unteren Tor 1594/5 auch ein mit dem Turm baulich fest verbundenes Vorwerk vorgebaut wurde, das die Durchfahrt verlängerte und mit einem Satteldach abgedeckt war.

Über den neu erbauten Königsturm enthält das Teilungslibell von 1744 folgende Beschreibung: »Der sog. Königsturm, darunter sich das Untere innere Tor befindet, liegt zwischen der Stadtmauer mit 28 Schuh (rd. 8,50 m) im Quadrat, massiv, mit sechs Stockwerken 69 Schuh (rd. 20 m) hoch mit einem doppelten Kuppel-Plattendach, darauf eine mit Kupfer beschlagene Latern steht, hat acht Fenster, welche mit eisernen Kreuzen versehen sind. Darin befindet sich im untersten Stock die gewölbte Durchfahrt mit einem Tor. In dem andern (zweiten) Stock sind zwei Gefängnisse mit zwei irdenen Öfen und stark mit Eisen beschlagenen Türen. In dem dritten Stock ist des Nachtwächters Wohnung mit einer Stuben. Darin ist ein irdener Ofen mit einem kupfernen Höllhafen, eine gewölbte Küchen. In dem vierten Stock befindet sich ein Gefängnis mit einem irdenen Ofen, einem kleinen Küchelein und auch mit starken Türen versehen. In dem fünften Stock ist auch ein Gefängnis mit einem irdenen Ofen, einer Küchen samt der gleichen starken Türen. In dem sechsten Stock steht die Uhr, alles in einem guten Stande.«

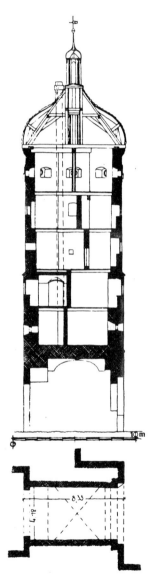

*Königstor
Grundriß und Schnitt*

Königsturm bis 1945

Die Stadt Oettingen und ihre Befestigung im Bauernkrieg (1525) und im Schmalkaldischen Krieg (1546/47)

Waren kriegerische Unternehmungen im 14. und 15. Jahrhundert im Raum des Rieses, vom Städtekrieg abgesehen[32], auf kleinere Einheiten und kleinere Auseinandersetzungen beschränkt geblieben, und Oettingen selbst nur einmal bedroht, aber nicht Ziel eines Angriffs gewesen, so begann sich das im 16. Jahrhundert zu ändern. Dies gilt schon für den Bauernkrieg des Jahres 1525 und in noch stärkerem Maße von dem Schmalkaldischen Krieg, der in Deutschland in den Jahren 1546/7 ausgefochten wurde. Der Aufstand der Bauern, die wohl mit Recht, aber nicht immer mit den rechten Mitteln, eine Verbesserung ihrer Notlage forderten, hatte in dem nach dem Untergang der Staufer in viele kleine selbständige politische Einheiten zerfallenen Herzogtum Schwaben besonders viele Anhänger gefunden, und das Ries und sein westliches Umland machten hier keine Ausnahme. Dort hatten sich im Westen der Ipf-Haufe bei Bopfingen und nördlich davon der Ellwanger Haufe gebildet. Im Ries wurde die damals schon ansehnliche, in seiner Mitte gelegene Gemeinde Deiningen mit wechselnden Beteiligungszahlen Sammelpunkt der Rieser Aufständischen, die sich auch als »Deininger Haufe« bezeichneten. Obwohl der Schwäbische Bund, dem auch die Städte Bopfingen und Nördlingen angehörten, Hauptgegner der Aufständischen geworden war, hatten die Bopfinger sich mit beiden Parteien zu verständigen gewußt. Auch die Nördlinger wollten es sich mit den Bauern nicht verderben, mit denen nicht wenige unter ihnen sympathisierten. Sie lieferten den in Deiningen versammelten Bauern auch Lebensmittel, verlangten dafür aber eine entsprechende Bezahlung. Innerhalb der Mauern beider Städte eingelassen zu werden, hatten die Aufständischen zu keiner Zeit begehrt. Ende April kam auch in den Deininger Haufen Bewegung. Es sollen bei 3000 Mann gewesen sein, die sich zunächst gegen das Birgitten-Kloster Maria Mai in Maihingen wandten. Es wurde besetzt und geplündert, und die Bauern taten sich auch in Küche und Keller gütlich. Von den Nonnen war ein Großteil beim Herannahen der Eindringlinge nach Oettingen geflohen. Die Bauern waren auch des jungen Grafen Ludwig, des Sohnes von Graf Ludwig XV., habhaft geworden und, von ihnen dazu genötigt, nahm er das ihm angetragene Amt eines Hauptmanns an. Mit den Bauern zog er am 2. Mai 1525 ebenfalls auf die Stadt Oettingen zu und forderte sie zur Übergabe auf. In Oettingen waren die wehrfähigen Männer auf die Stadtmauer beordert worden, worüber bei den Frauen, die ihre Männer draußen hatten, großer Jammer entstanden sein soll. Graf Ludwig XV. der Ältere, der Vater des gefangenen Grafen Ludwig, soll den Bauernführern zur Antwort gegeben haben, »ehe er die Bauern seine Herren sein lassen wolle, eher wolle er mit der ganzen Herrschaft dazu helfen, daß das Ries so eben werden müsse, daß man es mit einem Besen zusammenkehren könne. Darum wollten er und die anderen Herren des Landes Leib und Leben wagen.« Es kam freilich nicht dazu, daß die Oettinger Stadtmauer ihre Feuerprobe bestehen mußte, denn die Oettinger Stadtväter konnten die Ansicht ihres gräflichen Herren nicht teilen, der es daraufhin vorzog, die Stadt zu verlassen, nachdem er schon vorher seine Familie in Sicherheit gebracht hatte. Man öffnete also am 3. Mai, zur Vesperzeit, die Tore der Stadt und ließ die aufständischen Bauern ein. Hier erwies es sich nun als ein großer Vorteil, daß der junge Graf sich der Übernahme des Hauptmannsamts nicht widersetzt hatte. Die Bau-

Ludwig XVI., Graf zu Oettingen

ern ließen das Schloß seiner Ahnen unangetastet und fielen nur über die Niederlassung des Deutschen Ordens her, die sie allerdings regelrecht ausplünderten. Auch das Vieh der Stadt trieben sie mit sich weg, als sie am 6. Mai Oettingen verließen und sich dem benachbarten, damals schon im Ansbachischen gelegenen Benediktinerkloster Auhausen zuwandten.[34]

Glimpflich kam die Stadt Oettingen auch im *Schmalkaldischen Krieg* (1546/47) davon, mit dem Kaiser Karl V. Deutschland überzog, in der Hoffnung, die Reformation rückgängig machen zu können. Das Ries war zu dessen Beginn Hauptkriegsschauplatz.

Schon im Oktober 1546 hatte Kaiser Karl V. mit seinen Truppen zwischen Alerheim und Appetshofen Stellung bezogen und vom 4. bis zum 10. Oktober ein Lager geschlagen. Bevor er von dort vor der aus Donauwörth heranrückenden, überlegenen Streitmacht des Schmalkaldischen Bundes nach Giengen auswich, legte er eine Abteilung unter dem Markgrafen Johann von Küstrin nach Oettingen, wo Graf Ludwig XV. durch seinen Übertritt ins evangelische Lager sich den Unwillen des Kaisers zugezogen hatte.

Die Bürger Oettingens hatten zunächst von ihren Mauern und Türmen aus den Truppen des Markgrafen Hans von Küstrin Widerstand geleistet, was ihre Frauen mit großer Angst erfüllte. »Nach etlichen ausgestandenen Stürmen« hatten Stadt und Schloß sich dann aber den kaiserlichen Truppen ergeben müssen. Es war dies die Feuertaufe für die Oettinger Stadtbefestigung.[35]

Die Anlegung des Augrabens

Eine besonders wichtige Maßnahme beim Bau der Wassergräben war die Anlegung des Augrabens, der im 16. Jahrhundert nachzuweisen ist, vermutlich aber in noch frühere Zeiten zurückreicht.[44] Er nahm, von einem starken Außenwall geschützt, wie der Holzgraben, seinen Anfang bei der Einflußstelle des Grimmgrabens im Westen des ehemaligen Kronengartens. Aus dem Grimmgraben erhielt auch er sein Wasser. Als zweite äußere Befestigungslinie sollte der Augraben die südliche Komponente zum Holzgraben bilden, der an der Westseite parallel zum inneren Stadtgraben nach Norden verlief. Im Gegensatz zu diesem aber zog der Augraben einen größeren Bogen um die untere Vorstadt, in welchem er den Verlauf der südlichen Mauerpartie in weitem Schwung in etwa nachvollzog. Dabei wurde viel freies Gelände südöstlich des Entengrabens im Bereich der Aurach und der beiden ehemaligen Schießstätten einbezogen. Er traf östlich des gräflichen Reit- und Turnierplatzes auf den von Norden kommenden Abfluß des äußeren Zwingergrabens, der das äußere Mittlere Tor zu sichern hatte, und floß mit diesem zur Wörnitz ab (s. Plan Seite 42).

Heute ist der Augraben im ganzen westlichen und südlichen Bereich von der Abflußstelle des sog. »Hexengrabens« (Stadtgraben und Fröschweiherlein mit Schleifmühle) fast bis zur Wörnitz verrohrt und überbaut. Nur auf einer kurzen Strecke wird er wieder als offener Graben sichtbar. Auch entlang der sog. »Seufzerallee« ist er verrohrt und verfüllt (siehe Abbildung Seite 41).

Mit der Anlegung des in wechselndem Abstand zur Stadtmauer die südliche Hälfte der Kernstadt und eines weiten Vorgeländes nach außen sichernden Augrabens war eine zweite Wasserbarriere geschaffen worden, durch welche auch hier mehr Sicherheit gewonnen werden sollte. Sie begann südlich des Mittleren Tores mit den gräflichen Reit- und Schießanlagen, wurde fortgesetzt mit der Aurach und abgeschlossen mit den sich nach Süden ausdehnenden Anlagen außerhalb des inneren und äußeren Unteren Tores, wie sie auf dem Situationsplan (S. 82) von 1800 dargestellt sind. Diese zweite äußere Wasserbarriere näherte sich im Westen wieder der Stadtmauer.

Im Norden verliefen im östlichen, dem Münzschloß vorgelagerten Teil die bewässerten Gräben über Schwebrinnen durch den Münzgarten und bogen dann an der Nordostecke vor dem Schnitzerturm nach Süden in Richtung der beiden Mittleren Tore ab. (Situationsplan S. 80). Beim Schnitzerturm ist dieser Wassergraben erheblich ausgeweitet worden, wohl um hier mehr Sicherheit zu bieten, so daß er das dritte, vor der Stadtmauer angelegte Fischwasser (»beim Schnitzerturmgraben«) aufnehmen konnte.

Da die Wassergräben aus Kostengründen nicht von zwei Mauern eingefaßt werden konnten und trotzdem das Wasser mannshoch und in fließendem Zustand darin gehalten werden mußte, waren gegen die schädlichen Einwirkungen der Natur alljährlich kostspielige Unterhaltsmaßnahmen durchzuführen, und zwar war im Frühjahr das vom Schmelzwasser »eingeflößte Erdreich auszuräumen, im Sommer das an den Uferrändern gewachsene Röhricht auszuziehen und im Winter die im Graben entstandene Eisdecke herauszunehmen«, die von den Bierbrauern sehr gerne für ihre Eiskeller abgenommen wurde. Staus wurden auch verursacht durch die bei den Toren über die Gräben geleiteten »Rinnen« der Wasserleitung. Bei extremen Erscheinungen der Witterung konnte es wohl vorkommen, daß die Grabenräumung unerwartet hohe Kosten verursachte, so waren 1669[45] Kosten in Höhe von 1345 Gulden 10 Kreuzern 4 Hellern entstanden und zwei Jahre später von 1160 Gulden 19 Kreuzern und 6 Hellern. Die Eintragung im Drittelbau für das Jahr 1644 lautete z.B. »Vom Grimmgraben bis zum Mittlen Tor mit langen und kurzen Hacken das Röhricht und das Kraut aus dem Grabenwasser gezogen, das eingeflößte Erdreich ausgestochen und Unrat entfernt, undicht gewordene Stellen abgedeichelt.« Im Winter aber mußten die Gräben, wie erwähnt, »geeist« und die »Rinnen« der Wasserleitung wieder »verdammt« werden.

Allee auf dem Außenwall des Augrabens (im Volksmund »Seufzerallee«).

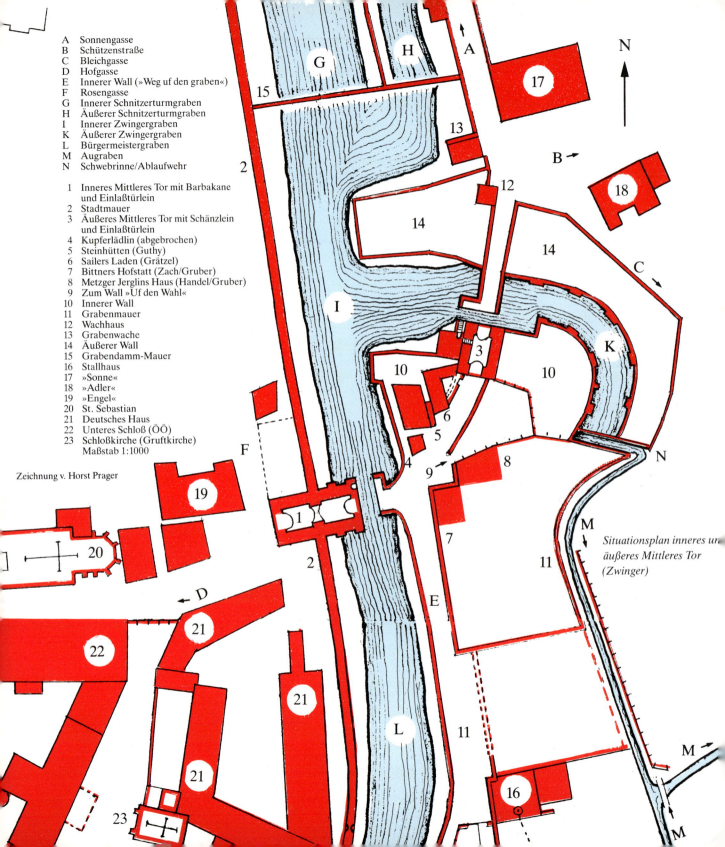

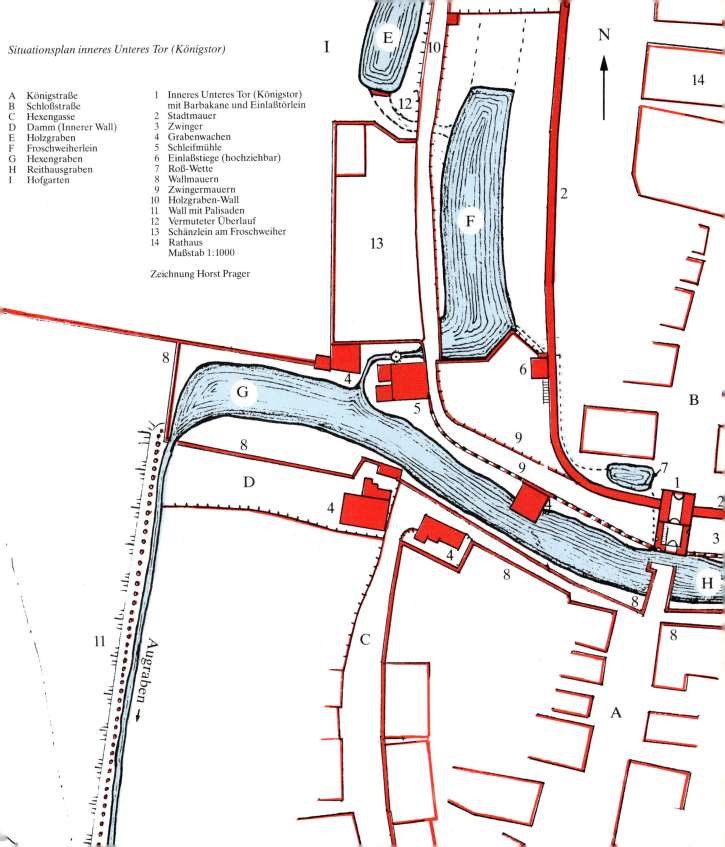

Der Bereich der Aurach

Schießanlagen, Stallhäuser und Rennbahn zwischen dem Stadt- und dem Augraben

Ein glücklicher Zufall hat im Fürstlichen Archiv Oettingen[49] einen gezeichneten Übersichtsplan aus dem Jahre 1598 erhalten, der uns eine genaue Vorstellung vom Aussehen des von Stadtgraben und Augraben begrenzten Bereichs der Aurach zeigt, in dem im 16. und 17. Jahrhundert von beiden Herrschaften Ställe, Schießanlagen und eine Rennbahn unterhalten wurden. Der Plan gibt uns nicht nur eine Vorstellung von der damaligen Bebauung, sondern darüber hinaus eine Bestätigung über das Vorhandensein von Befestigungsanlagen, die uns aus den Drittelbaurechnungen theoretisch bekannt geworden sind und uns hier nun sehr anschaulich planerisch vorgeführt und damit auch bestätigt werden.

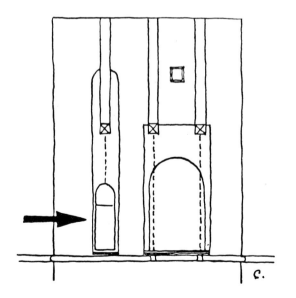

Fußgängerpforte – Einlaßtörle: Kleine, schmale Pforte zum Einlaß einzelner Ankömmlinge neben dem Haupttor.

Sie beginnen im Nordwesten mit der Stadtmauer und dem ihr vorgebauten Stadtgraben, und vom oberen Rand her mit der Brücke des inneren Mittleren Tores; unweit von der ein Palisadenzaun am äußeren Rand des Stadtgrabens seinen Anfang nimmt, und zeigt dann im Norden den Oettingen-Oettingischen Zugang zu diesem eingezäunten Raum, neben dem zwei Stallhäuser stehen. An sie schließt sich am Zaun entlang ein Oettingen-Oettingischer Pflanz- und Krautgarten an. Von den Stallhäusern führt auch ein Palisadenzaun als Abgrenzung bis zu dem im Osten vorbeifließenden Augraben. Unweit des Krautgartens in südlicher Richtung wird der Wallersteinische Eingang in die Umzäunung gezeigt, durch den ein Weg vorbei an Oettinger Planken und Ständern nun zum Wallersteiner Schießhaus führt, neben dem, etwas zurückgesetzt, das Oettinger Stallhaus Platz gefunden hat. Von ihm weist eine Schranke in Richtung des nahen Augrabens. Von hier beginnend, zieht sich dem Augraben entlang der »Wallersteiner Kugelplatz«, der »bei den großen Schießen aufgerichtet« wurde. Am unteren Ende der Zeichnung wird »der alte Felber« gezeigt, ein alter Weidenbaum, der damals wohl eine Landmarke war. Südlich des Wallersteiner Schieß- und des Oettinger Stallhauses sehen wir die »Alte Rennbahn« eingegrenzt, die nach Westen um ein etwa gleich großes, neues Stück verlängert ist. Im Bereich südlich der ganzen Rennbahn werden »die gehängten (Ziel-)Scheiben« gezeigt, drei an der Zahl, und zwei Hütten (Unterstände) für die Zieler. Am rechten untersten Ende wird »der andere Oettinger Pfahl« dargestellt, bei dem man sich nicht verkneifen konnte, zu bemerken, daß er ohne »Wissen der Wallersteiner« gesetzt worden sei. Während die-

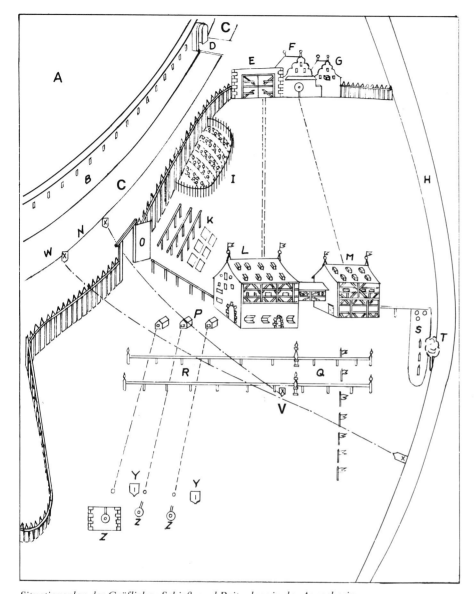

Situationsplan der Gräflichen Schieß- und Reitanlage in der Auracherin.

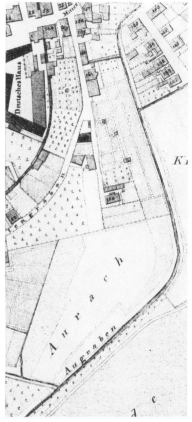

Der rechtsstehende Auszug aus dem Urkataster zeigt ihre Wiedergabe im 19. Jahrhundert (1822).

Verzeichnis der Ortsangaben

- A = Die Stadt Oettingen
- B = Die Stadtmauer
- C = Der Stadtgraben
- D = Des Mittleren Tors Brücke
- E = Das Oettingische Tor in das Stallhaus der Auracherin
- F = Stallhaus darin eine Wohnung
- G = Stallhaus
- H = Der äußere Stadtgraben (Augraben)
- I = Der Oettingische Pflanz- und Krautgarten
- K = Oettingische Planken und Ständer zu der Wäsch(?)
- L = Das Wallersteinische Schießhaus
- M = Das Oettingische Stallhaus
- N = Der alte Pfahl
- O = Der Wallersteiner Eingang
- P = Die Wallersteiner Schießhüttlein
- Q = Die Alte Rennbahn
- R = Die (verlängerte) Rennbahn
- S = Der Wallersteiner Kugelplatz, so bei den großen Schießen aufgerichtet (wurde)
- T = Der alte Felber (Weidenbaum)
- V = Rennbahnpfahl
- W = Der neugeschlagene Pfahl ohne der Wallersteiner Wissen
- X = Der andere Oettingische ohne der Wallersteiner Wissen geschlagene Pfahl.
- Y = Der Zieler Hütten
- Z = Die aufgehängten Scheiben, dabei Die Schießmauer

Bildnis des Grafen Gottfried

Das von ihm erbaute Schießhaus – heute Aurach Nr. 12.

ser Pfahl an den Rand des Augrabens gesetzt ist, stehen zwei andere Pfähle in entgegengesetzter Richtung am äußeren Rand des (inneren) Stadtgrabens: der »Alte Pfahl« und ein »neu geschlagener«. Ein das ganze Alphabet in Anspruch nehmendes Register erleichtert dem Betrachter auch heute noch die Identifizierung der einzelnen Anlagen.

Der Chronist Wörlein gibt über diese Anlagen in der »Auracherin« folgenden Bericht:

»In den fürstlichen Akten dahier über »das Schießhaus in der Auracherin« befindet sich über die Schießstätte, mit welcher auf Oettingenschem Grund und Boden eine Rennbahn verbunden war, aus obiger Zeit ein Situationsplan, in welchem die beiden Schießhäuser, die Schützenstände, die Zielscheiben eingezeichnet sind«.

»In der Aurach waren in der zweiten Hälfte des 16. Jahrhunderts zwei Schießhäuser nebeneinander. Das kleine war von dem Grafen Gottfried zu Oettingen (1554–1622)...im Jahre 1579 auf seinem eigenen Grund und Boden und auf alleinige Kosten zum Stahl- und Armbrustschießen erbaut worden. Das andere aber hatten – wie es in einem Bericht des gräflich Oettingenschen Hausmeisters Hörner vom 10. Oktober 1654 heißt – beide Grafen von Oettingen der gesamten Burgerschaft zum Schießen insgemein erbauen lassen, in welchem auch die beiden Bürgerschaften miteinander viel und lange Jahre geschossen haben, und ward früher niemals Streit, aber seit 1627 sei über diese Schießstätten zwischen den beiden Herrschaften öfters Streit gewesen.«

Wälle – Dämme – Schanzen – Palisaden
zur Verstärkung der äußeren Wehranlagen – Von Seegräbern, Damm- und Schanzgräbern
Bau von Brustwehren[47] und Schanzen

Nachdem der innere Wassergraben, unmittelbar außerhalb der Stadtmauer verlaufend, als Teil des inneren Verteidigungsrings lange Zeit schon bestanden hatte und durch Wälle abgesichert war, die als Fahrstraße auf dem Entengraben östlich vom Königstor bis zum Mittleren Tor und als nasser »Holzgraben« westlich des Königstores zum Teil heute noch bestehen, war auch im Süden eine äußere Verteidigungslinie durch die Anlegung des Augrabens zustande gekommen. Bei der Anlegung dieses langen Wassergrabens hatte man als erfahrene Fachleute die sog. »Seegräber« zugezogen, welchen die Oberleitung bei den ganzen Arbeiten verantwortlich übertragen war. Seegräber wurden auch später immer wieder gerufen, wenn der Wasserfluß in den Gräben zu wünschen übrig ließ, und sie kosteten nicht wenig Geld. 1667 hatte man in einer besonders schwierigen Lage einen berühmten Seegräber, Hans Prager, bis aus Appenzell zu einer Grabenreparatur gerufen, der dann für 550 Gulden auch eine entsprechende Instandsetzung des Grabens veranlaßte[46]. Als dieser Graben schon zwei Jahre später nicht mehr hielt und für 1160 Gulden neu geräumt werden mußte, war man in Oettingen sehr bestürzt, und die gräflichen Herrschaften mußten für eine zumutbare finanzielle Regelung zwischen Anrainern und Drittelbau sorgen. War die Arbeit der Seegräber getan, dann wurde das Gelände vor den Wassergräben durch hohe, befestigte Erdaufwürfe nochmals gesichert. Diese Arbeit des Dammbaus wurde von den sog. »Damm- oder Schanzgräbern« übernommen. Als solche haben sich Jakob Uhl und sein Sohn Gallus aus Rudelstetten damals um die Oettinger Stadtbefestigung verdient gemacht. Die Wälle, die man in den ersten drei Jahrzehnten des 17. Jahrhunderts neu anlegte, hatten je nach ihrer Lage und ihrem Verteidigungszweck einmal die Funktion eines Dammes, ein andermal die einer Schanze zu erfüllen, sie wurden auch dementsprechend bezeichnet. Waren die Wälle und Dämme entsprechend gefestigt, dann wurden sie entweder mit einem Palisadenzaun abgegrenzt oder über und über mit Palisaden bestückt, zu welchem Zweck man damals Hunderte von jungen Eichen- und Fichtenstämmen aus den nahen Wäldern herbeischaffte, an Ort und Stelle beschlug und zuspitzte und sie, eng zusammenstehend und mit Weidenruten verbunden, in den Wallboden »stieß«, so daß sie einen Zaun bildeten, der für mögliche Angreifer ein nicht so rasch zu nehmendes Hindernis darstellen konnte.

Vor den entscheidenden Brennpunkten der Oettinger Stadtbefestigung, nämlich vor dem Oberen Tor, dem Königstor mit Entengraben, dem äußeren Unteren Tor, und der Ostpartie der Stadtmauer von der »Münz« bis zu den beiden Mittleren Toren wurden nun die Wälle so gefestigt und befestigt und Palisadenzäune aufgebracht und, wo es möglich und nötig war, auch weitere Wälle und Schanzen angelegt. Auf diese Weise wurde die Umwallung des inneren und äußeren Grabens an wichtigen Punkten wesentlich verstärkt, damit sie einen möglichen Angreifer so lange hinhielten, bis die Verteidiger Zeit gefunden hatten, ihre Abwehr zu organisieren.

Die Befestigungsarbeiten von Jakob und Gall Uhl schienen in Oettingen Anklang gefunden zu haben, denn sie erhielten im Anschluß an die Arbeiten am

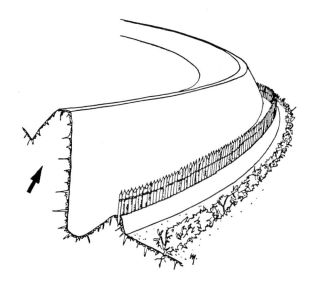

Erdwall: Erdaufschüttung aus einem davor gezogenen Graben. Vom 16. Jahrhundert an wurde der Erdwall wieder ein hervorragender Bestandteil von Verteidigungsanlagen.

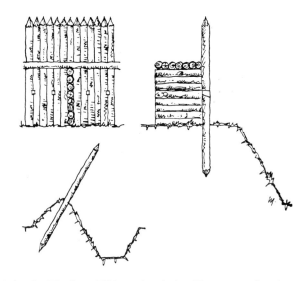

Palisade: Mittel zur Bildung eines hohen Zauns aus nebeneinander in den Boden gerammten, fest verbundenen und zugespitzten Pfählen, meist äußerer Schutzring.

Augraben sofort weitere Aufträge zum Bau weiterer palisadenbesetzter Dämme und Schanzen, so im April 1633 an einer am Schnitzerturm-Wall aufgeworfenen Brustwehr und Ende April am Wall beim Oberen Tor, auf den sie gleichfalls eine Brustwehr aufsetzten und mit Wasen deckten. Im Juni 1633 schlossen sie die Arbeiten an einer an des »Comthurs Garten« d.h. an einer an der Südostecke der Stadtmauer aufgeworfenen Brustwehr ab, die unweit des Königstors gelegen war. Im Oktober und November folgten abschließende Arbeiten an Brustwehren zwischen dem Schnitzerturm und dem Oberen Tor und am Wall zwischen dem Mittleren und Oberen Tor. Noch in späterer Zeit, um 1646/7, wurde vor dem äußeren Mittleren Tor eine Brustwehr neu errichtet und mit zwei weiteren Brustwehren ebenso das weithin unbebaute Gelände zwischen dem inneren (Stadt-) und dem äußeren (Au-)Graben besser gesichert, wo die gräflichen Herrschaften sich zeitweilig in den Betrieb der oben geschilderten Reit- und Schießanlagen teilten. Dort wurde eine Brustwehr gebaut in »der Auracherin Garten« und eine zweite im »Garten der Kantengießerin«, die mit einem starken Palisadengatter besonders geschützt wurden.

Der Schnitzerturm

Es ist hier wohl der rechte Ort und Zeitpunkt, um auf das Problem des Schnitzerturms einzugehen, eines Wehrbaus, der zwischen 1590 und 1685 über vierzigmal in der Drittelbaurechnung zitiert wird und einem wichtigen Teil des Stadtgrabens, dem »Schnitzerturmgraben« eine Zeitlang seinen Namen gegeben hat. Der Name Schnitzerturm verschwindet dann schon im 18. Jahrhundert aus den Akten, er ist im 19. Jahrhundert schon fast vergessen und im 20. Jahrhundert in Oettingen völlig unbekannt. Dieser Mauerturm erscheint erstmals auf einem Beleg der Drittelbaurechnung des Jahres 1590 mit der Eintragung: »Item hab ich an der anderen Tür eine Stelle beschlagen, wo man zum Schnitzerturm abi gat.«[48]

Die Formulierung der Eintragung läßt darauf schließen, daß der Turm damals schon ein bekanntes Bauwerk der Oettinger Stadtbefestigung darstellte, das jedermann geläufig war. Er wird genannt in den Jahren 1626, 1629, 1630 und 1631 als Nachbar eines der drei Stadtgräben in welchen Fische eingesetzt, gehalten und im Spätherbst dann auf Stadtdrittelbaukosten, wie bereits dargelegt, wieder ausgefischt wurden.

In den Jahren 1632, 1633 und 1634 wurde der Schnitzerturm dann wie oben erwähnt, auch in die beginnenden Verstärkungsmaßnahmen bei der Stadtbefestigung einbezogen. Der bei ihm liegende Graben wurde tiefer ausgestochen, ein neuer Damm bei ihm aufgeführt, eine Brustwehr gebaut und die dort verlaufenden Leitungen des Stadtwassers (»Schlegel- und Schwebrinne«) neu geordnet.

Über den Standort des Schnitzerturms lassen sich aus einigen Eintragungen in den Drittelbaurech-

Stadtansicht (Stich) im Stadtmuseum Nördlingen mit Darstellung des Schnitzerturms (nach 1718 entstanden).

nungen Schlüsse ziehen, mit denen wir diesen Standort eingrenzen können, so, wenn es heißt:
1. »Auf der Stadtmauer wurden 1632 vom Mittlen Tor bis zum Schnitzerturm Bretter gelegt.«
2. »Bartl Schramb und Konrad Schneller, beed Zimmermeister, auch 2 Zimmergesellen, Matthes und Caspar, (haben) jeder 2 Tag Palisaden geschnitten, gespitzt und auf den Wall zwischen dem Schnitzerturm und dem *äußeren Stadtgraben* eingesetzt.
3. »Jakob Uhl und sein Sohn Gall haben auf dem Graben in der Brustwehr beim Schnitzerturm gegenüber dem Mittleren Tor Wasen gesetzt[49].

Fassen wir diese Aussagen zusammen, dann ergibt sich, daß der Schnitzerturm zur östlichen Grabenpartie gehört haben muß und hier auf einer Linie der Stadtmauer stand, die von ihm zum inneren Mittleren Tor führte. Er muß eine eigenständige, entsprechend große, mit Fischen besetzte Grabenpartie beherrscht haben, so daß diese nach ihm »Schnitzerturmgraben« benannt wurde. Nachdem von den beiden anderen Fischwässern das eine in dem an der westlichen Stadtmauer gelegenen Holz- oder Eichgraben, das andere in dem im Süden liegenden Augraben seinen Platz hatte, bleibt nur noch die (nord-)östliche Grabenpartie als Standort des beim Schnitzerturm gelegenen Fischwassers übrig. Suchen wir nun nach einem Mauerturm, der in diesem Bereich seinen Standort hatte, dann stoßen wir auf den einzigen, neben den Tortürmen an der Oettinger Stadtmauer bezeugten Wehrturm, der an der Nordostecke der Stadtmauer östlich des Münzschlosses stand, und dessen Unterbau noch heute in den nunmehr dort befindlichen Remisen erhalten ist. Die letzte namentliche Erwähnung des Turms stammt aus dem Jahre 1685 und hat die »Aussäuberung« des Schnitzerturmgrabens zum Gegenstand[50].

An dieser Stelle der Oettinger Stadtmauer finden wir auch die nachstehende wiedergegebene bildliche Darstellung des Schnitzerturms auf einer Landkarte im Fürstl. Archiv Oettingen.

Von dem Turm an der Nordostecke der Stadtmauer findet sich erst wieder eine Erwähnung, als in der Verwaltung Vorschläge erarbeitet wurden für einen zweiten Notausgang aus dem Alten Schloß im Falle von Feuersgefahr. In einem dieser Vorschläge ist zu lesen: »Es könnte durch die Stadtmauer zwischen der Residenz und dem »Turm beim Hundszwinger«, (wie er nun genannt wird), auf den Linsenmarkt hinaus füglich und leicht ein Tor angebracht werden.«[51]

Dieser Vorschlag wurde nicht verwirklicht, und so blieb der Schnitzerturm noch weitere 50 Jahre, schon sehr baufällig geworden, stehen, bis er 1835/6 in den Neubau fürstlicher Remisen an der nordöstlichen Ecke des Residenzbereichs einbezogen wurde, wobei man seinen Oberbau abtrug und den Unterbau unverändert in die Remisen einverbaute. Dort ist dieser von außen und innen noch gut zu erkennen[52].

Der Schnitzerturm auf einer Ansicht der Stadt aus dem 16. Jahrhundert.

Bild einer Stadt[53]

auf dem Holzepitaph des Sebastian Riethmüller
gewesenen oettingischen Forstmeisters zu Hirschbrunn,
Bürgers und Almosenpflegers zu Oettingen,
und seiner Ehefrau Barbara, geb. Beck, mit ihren Wappen
aus dem Todesjahr des Stifters 1596

Jakob Röttger, Verfasser des neuesten Führers zur Oettinger Jakobskirche, gibt zu dem Bilde, in dem manche eine Darstellung der Stadt Oettingen sehen möchten, folgende Erläuterungen:

Zwischen den Fenstern an der Nordseite hängt ein Bild in rotem Rahmen, das besondere Aufmerksamkeit verdient. Es ist eine Totentafel zu Ehren Sebastian Riethmüllers, »gewesener graveli-

Bild einer Stadt auf der Riethmüllerschen Totentafel von 1596 in St. Jakob

cher Oettingischer Forstmeister zu Hirschbrunn, Bürger und Almosenpfleger zu Oettingen«, der 1596 starb. Dargestellt ist die Auferweckung des Lazarus (Joh. 11). Lazarus im Totenhemd entsteigt der Gruft. Neben ihm hebt Christus segnend die Hände. Fünf Jünger stehen dabei, links drei Frauen in bürgerlicher Tracht und ein weiterer Mann. Kleiner dargestellt, befinden sich ganz vorne rechts und links Riethmüller und seine Ehefrau mit ihren Wappen. Dahinter sieht man, eingebettet in eine Landschaft, eine befestigte Stadt mit sechs Türmen von verschiedener Höhe und Gestalt in der Mauer; ein Torturm öffnet sich zum Vordergrund hin. In der Stadt erkennt man niedrigere Häuser, links daneben ein hohes Haus, dann einen Turm mit Absatz, davor wieder niedrigere Häuser. Weiter vorn links ist ein Vorwerk oder ein kleiner Ort zu sehen mit einem Turm, links mit einem Haus und rechts davon mit einem halbverfallenen oder halb aufgebauten Turm. Es gibt nun Überlegungen, ob dies eine alte Darstellung der Stadt Oettingen sein könnte. Der Torturm könnte dem Königstor entsprechen. Die Zitadelle dahinter würde das Alte Schloß darstellen, der höchste Turm den Jakobsturm (1565 Oktogon vollendet). Der Turm der St. Sebastianskirche (1486 fertiggestellt) fehlt allerdings. Die hohen Dächer könnten teils zum Alten Schloß, teils zum »Münzschloß« an der Stelle des heutigen »Neuen« Schlosses gehören. Daß die Stadtmauer einst mehr Türme hatte als heute, ist bekannt, ob aber die Zahl so groß war, daß sie dem Bild entspräche, ist fraglich.«

Das 17. und 18. Jahrhundert

Die ersten drei Jahrzehnte — Neue Bewegung in Ausbau, Erhaltung und Verstärkung der Stadtbefestigung
Umbau des Vorwerks am Königstor in eine Barbakane

In den ersten Jahrzehnten des neu heraufziehenden 17. Jahrhunderts begann sich der Himmel über den deutschen Landen rasch zu verdüstern. Die wachsenden Spannungen zwischen den beiden konfessionellen Lagern, die sich schon im ersten Jahrzehnt in Union (1608) und Liga (1609) formiert hatten, ließen den Ausbruch eines kriegerischen Konflikts befürchten. Diese gefährliche Situation blieb in den Städten nicht verborgen, und so sind diese Jahre vielerorts gekennzeichnet durch das wachsende Bemühen, die bestehenden Wehranlagen noch mehr zu verstärken, um gegen Überfälle und feindliche Angriffe noch besser gewappnet zu sein.

Für die Entwicklung in Oettingen in den ersten drei Jahrzehnten des 17. Jahrhunderts haben wir noch keine zeitlich ganz zusammenhängenden Unterlagen vorliegen.

Es finden sich zu den Drittelbaurechnungen aber wertvolle Ergänzungen in einem Aktenstück des fürstlichen Archivs zu Oettingen, das die Signierung R 62 trägt und eine Inhaltsangabe der Rechnungslegung der Stadt von 1594 bis zum Jahre 1624 enthält. Die Rechnungen selbst sind leider nicht mehr erhalten geblieben. Obwohl auch diese Übersicht nicht vollständig ist, liefert sie doch brauchbare Ergänzungen zu den noch lückenhaften Aussagen der Drittelbaurechnungen. Zusammengenommen, läßt sich aus den hier insgesamt vorliegenden Quellen deshalb durchaus ein Bild der in den ersten drei Jahrzehnten des 17. Jahrhunderts in Oettingen getroffenen Maßnahmen und der ihnen zugrundeliegenden Ereignisse und Umstände zusammenstellen.

Die Stadt Oettingen war in das 17. Jahrhundert mit verstärkten inneren Toren und dem Ausbau des unteren äußeren Torhauses eingetreten. Maßnahmen, die als Abschluß einer Reihe wichtiger Umbauten des 16. Jahrhunderts im Zusammenhang mit diesen bereits behandelt worden sind. Zu dem gleichen Jahre *1602*, in dem dieser Torbau aufgeführt wurde, wird in der oben erwähnten Übersicht der Stadtrechnungen von 1603 kurz und trocken vermerkt: »Anbei ein Fascicul, gebunden, zur Eintragung von Unkosten und anders mehr wegen der 1602 dahier grassierenden Pest.« Unter der Rubrik »Abschreibungen etlicher Jahrmärkte« wird vermerkt: »Anno *1602* schreiben die von Wassertruhending(-trüdingen) ihren Catharinenmarkt ab »propter infectionem pestis«.«[54] Zwei sog. Pestbilder in St. Sebastian stammen aus dieser Zeit.[55] Ebenso sagten Heidenheim und Gunzenhausen, »wegen der grassierenden Pest zu Oettingen den Markt ab.« Sicherlich hat eine Seuche, wie die Pest, bei den geringen medizinischen Möglichkeiten dieser Zeit nicht nur auf die Bevölkerung, sondern auch auf das Stadtregiment eine lähmende Wirkung ausgeübt. Allein nach der evangelischen Pfarrmatrikel[56] waren im Jahre *1602* 97 Gemeindeglieder daran gestorben. Der Bau eines gemeindlichen »Schrannen-, Fleisch- und Brodthauses samt den notwendigen Gefangnussen und Gemach vor (für) Tortur« (!),[57] für welches *1601* bereits ein Vor- und Überschlag (Kostenanschlag) und die Visierung (Planung) vorlagen, ist nicht ausgeführt worden. Auch ein zweiter Plan von *1617* »welcher Gestalt (= wie) aus St. Jörgens Capell eine gemeine Schrann zu machen sei«,[58] ist einem späteren Bleistift-Zusatz zufolge »nicht gemacht worden«. Dagegen hat man *1615* für die nicht geringe Summe von 466 Gulden die erste Pflasterung der unteren Vorstadt durchgeführt.

Auf diese Weise ist man in Oettingen in diesen bereits vom nahenden Dreißigjährigen Krieg überschatteten Jahren nicht dazu gekommen, wie andernorts, an einen weiteren Ausbau der Stadtbefestigung zu denken.

Waren also in den ersten Jahrzehnten des 17. Jahrhunderts keine großen Baumaßnahmen durchgeführt worden, so hat man doch überall im Rahmen des Möglichen das Notwendige getan. Eine Auflistung dieser Ausgaben und Maßnahmen bietet für die ersten drei Jahrzehnte des 17. Jahrhunderts folgendes interessante Bild[58]:

1602 Reparaturen am Oberen Tor

1606 Unkostenrechnung über Erbauung und Herstellung der wieder eingefallenen Wörnitzbrügken

1611 wurde den Musketieren eine neue Schießordnung gegeben

1613 Knopf und Fahnen auf dem Königsturm[59] wieder zugerichtet

1616 Reparatur der Schrankensäulen vor dem Oberen und Unteren Tor

1616 verehrte man dem alten Stadtwächter Georg Bronnenstein aus Gnaden an jedem Quatember (vierteljährlichen Fasttag) eine freiwillige Pension von 1 Gulden

1617 Arbeiten im Stadtgraben beim Mittleren Tor, neues Doppel unter das Mittlere Tor auf die äußere Brücke

1618 Protocollum zu David Scharpfens, Werkmeisters in Nürnberg, verfertigtem Abriß der Wörnitzbruckh

1621 Neuer Torflügel, Geländer, Schlösser zur Aufrichtung der Schlagbruck beim Unteren und Mittleren Tor

1622 Reparatur der Uhr auf dem Oberen Torturm

1624 Instandsetzungen an gemeiner Stadtmauer, Türmen und Toren, an den Schlagbrücken beim Oberen und Mittleren Tor

1626 Instandsetzung der Schlagbrücken beim Mittleren Tor (15 Gulden) und im Wächterstübchen des Unteren Tors; eine neue Anläuteglocke auf die Hohe Wacht

1629 Weitere Reparaturen an den Schlagbrücken beim Unteren und Mittleren Tor, an Torgattern, Schranken, am Dach des Mittleren Tores und der Mauer beim Mittleren Tor

1630 Kleinere Reparaturen an der Stadtmauer beim Mittleren Tor, an Wachthäusern und Schlagbrücken für 78 Gulden 8 Kreuzer.

Die in allen den Jahren hier u.a. genannten, in den Drittelbau- und Stadtrechnungen aufgeführten Baumaßnahmen sind samt und sonders nur notwendig gewordene Reparaturen an bereits bestehenden Wehrbauten. Sie bedeuten keine Verstärkungen, sondern sollten nur verhindern, daß die Tordurchfahrten, Schlagbrücken, Gatter, Graben- und Stadtmauerpartien, Wächterhäuschen und Schranken nicht unbenutzbar wurden.

Nach dem Schongang, den man in Oettingen, aus welchen Gründen auch immer, bis zum Anfang der dreißiger Jahre des 17. Jahrhunderts in der Frage einer Verstärkung der Stadtbefestigung eingelegt hatte, zeigen die folgenden Jahre dann ein völlig verändertes Bild. Vielleicht sind es die Beobachtungen der Vorgänge in benachbarten Städten wie Rothenburg, Dinkelsbühl, Donauwörth und Rain, die 1632 von übermächtigen Gegnern belagert und eingenommen worden waren, die die Oettinger so beeindruckten, daß sie sich des Ernstes ihrer eigenen Lage bewußt wurden, das Steuer herumrissen und sich nun mit aller Kraft an den Ausbau ihrer Stadtbefestigung machten. Wie andernorts, sollte sie nun auch hier noch weiter ausgebaut werden, damit es der Bürgerschaft mit vereinten Kräften möglich war, dem Angriff einer gegnerischen

Truppe die Stirn zu bieten, um wenigstens einen Akkord zu erlangen, wie es in den genannten Nachbarorten möglich gewesen war.

Auch in Oettingen war man in diesen gefährlich gewordenen Zeiten nun mit allen Kräften bemüht, Stadt und Bürgerschaft alsbald in die notwendige Verteidigungsfähigkeit und Verteidigungsbereitschaft zu versetzen.

Der erste Schritt zu diesem Ziel, das hatten die maßgebenden Vertreter des Drittelbaus inzwischen erkannt, war eine erhebliche Steigerung der Ausgaben für die Wehrbauten und für die Wassergräben. Während 1631/32[60] für Tore, Türme und Mauern nur 45 Gulden, 47 Kreuzer und bei Gräben und Weihern nur 36 Gulden und 55 Kreuzer zur Verfügung standen, waren es 1632/33 bei den Wehrbauten 458 Gulden 19 Kreuzer und bei den Gewässern gar 472 Gulden 26 Kreuzer. Leider konnte diese Kostenhöhe in den Folgejahren wegen der 1634 das Ries überziehenden und auch Oettingen schwer mitnehmenden Kriegsereignisse nicht gehalten werden.

Der zweite Schritt war die Einsetzung eines im Wehrbau, wie in der Verteidigung einer Stadt erfahrenen Stadtkommandanten, den man für die Jahre 1632/33 in Stadthauptmann Andreas Crämer[60] gefunden zu haben glaubte. Er wurde mit außerordentlichen Vollmachten ausgestattet, damit er rasch und sicher seine Anordnungen treffen konnte.

Die erste wichtige Maßnahme des Stadtkommandanten Andreas Crämer war die Verstärkung der Abwehrkraft der wichtigsten Wehranlagen. Dabei wandte er sein besonderes Augenmerk im Jahre 1632 zunächst dem Umbau der drei inneren Tore, des Königs-, Schloß- und Mittleren Tores zu, die er nach Art einer italienischen Barbakane[61] ausbauen ließ. 1633 wandte er dann seine besondere Aufmerksamkeit der Vervollkommnung der Wehranlagen der Stadtmauer zu, wobei er bei der Durchführung der Arbeiten persönlich mitwirkte.

Stadtkommandant Andreas Crämer führte auch persönlich Aufsicht, als das dem Königstor erst im Jahre 1594 vorgesetzte Vorwerk in eine Barbakane umgebaut wurde, die, vom italienischen Festungsbau ausgehend, sich wegen ihrer hervorragenden Eignung für Verteidigungszwecke auch in Deutschland eingebürgert hatte. Auf Crämers Anordnung hin wurden zunächst die oberen Aufbauten des Vorwerks, Dach und Dachstuhl, abgehoben und die Stirnwand und die Seitenwände bis auf die Höhe des ersten Stockwerks des Königsturms soweit abgebrochen, daß sie für die Verwendung als Brüstungsmauern geeignet waren. Die noch brauchbaren Teile brachte man in die nahe Georgskapelle. Mit einem Schock Dielen erhielt hierauf die Restfläche des ehemaligen Vorwerk-Dachbodens eine tragfähige Plattform aufgesetzt, deren obersten Belag ein Backsteinboden bildete. Sie blieb nach oben offen. Die stehengebliebenen Mauern des Vorwerks wurden sodann nach dem Vorbild bereits bestehender Barbakanen durch Maurermeister Lorenz Schmidt[70] in die gewünschte Schanzenform gebracht. Nach Süden, Westen und Osten vor die Stadtmauer und den Turm deutlich vorspringend und mit den entsprechenden Schießöffnungen für die Schützen und ihre Büchsen versehen, bot die Barbakane diesen ein viel weiteres Schußfeld, als es sich von der Stadtmauer und dem mit nur wenigen Schießöffnungen versehenen Königsturm geboten hatte. Eine solche, nach oben offene »Altan«, wie der Volksmund das »new Pawlin« (den neuen kleinen Bau) in Oettingen nannte, brachte in der Tat eine erhebliche Verstärkung der Verteidigungsanlagen beim Königstor. Eine in die Südwand des Königsturms durch den Schreiner Bartl Högel eingebaute eichene Tür gab den Verteidigern die Möglichkeit, sich mit Nachschub an Munition und Proviant zu versehen, Verstärkungen anzufordern oder sich zurückzuziehen. Zum Abschluß der reinen Bauarbeiten durfte der Maler Philipp Nägelen für sechs

Gulden und 30 Kreuzer, einem besonderen Wunsche von Stadtkommandant Crämer folgend, auf die Wände des Königsturms in roter Farbe die großen Figuren eines Capitans (Hauptmanns) und Fendrichs (Fähnrichs) aufmalen, wozu man »die Farb und zwei Häfen zum Anmachen« in Ostheim besorgt hatte. Man war offenbar stolz auf das Bauwerk und wollte ihm auch einen martialischen Anstrich geben. Eine Schlagbrücke an der Stirnseite der Barbakane und vor dem inneren Stadtgraben und ein bedachtes Schoßgatter, unmittelbar der Torausfahrt vorgebaut, sollten zusätzliche Sicherungen sein. Außerdem wurden der Stadtgraben um das Tor gesäubert und »ausgeschlagen«, das Dach des Königsturms ausgebessert und auch die tiefen »Leisen« (Fahrrinnen) in der Tordurchfahrt eingeebnet. Da das Aufziehen und Herablassen der schwerfälligen und reparaturanfälligen Schlagbrücke sehr umständlich war, erhielt das Tor ein Einlaßpförtchen für friedliche Passanten, zu dem ein über den nassen Graben gebautes Einlaßbrücklein führte.

Der Zimmermeister Bartl Schramm und der Maurermeister Lorenz Schmidt mit fünf Maurern, fünf Gesellen und drei Frauen als Handlangerinnen waren von August bis November drei Monate lang an dem Bau tätig gewesen, wobei die Zahl der jeweils Beschäftigten mit den Bauabschnitten wechselte. Durch den Bau dieser Barbakane und die ebenso bei den beiden anderen inneren Toren errichteten gleichgestalteten »Altanen« erhielten die im Umfeld dieser Brennpunkte der Oettinger Stadtverteidigung errichteten vielfältigen Wehrbauten einen krönenden Abschluß.

Durchfahrt des Königstores vom Stadtinneren her. Rechts Wehrgang mit Dach.

Das innere und das äußere Mittlere Tor und ihre Umgebung

Aquarell aus dem Fürstlichen Archiv Oettingen von 1670[62]

Bei der Behandlung des Baues eines neuen Türmleins für das Mittlere Tor in Oettingen vom Jahre 1511 wurde zum Ausdruck gebracht, daß bei aller Fülle interessanter Detailangaben aus den Drittelbaurechnungen keinerlei Anhaltspunkte für Aussehen und Gestalt dieses Tores zu entnehmen sind, auch nicht für seine Ausmaße, die Zahl der Stockwerke und sonstigen Wehreinrichtungen.

Während des Verlaufs des 16. Jahrhunderts finden sich in den wenigen Unterlagen der Archive auch einige Angaben über Einzelbaumaßnahmen, die an einzelnen Wehrbauten vorgenommen wurden. Darunter befindet sich auch eine Eintragung des Inhalts, daß an der Schlagbrücke des inneren Mittleren Tores Instandsetzungen veranlaßt wurden. Im Gegensatz zum Oberen und Unteren Tor liegen aber über eine größere Baumaßnahme beim inneren Mittleren Tor selbst keine archivalischen Eintragungen vor. In dieser Verlegenheit erwies sich ein glücklicher Fund als hilfreich, durch den diese Lücke in der archivalischen Tradition vollauf geschlossen werden kann: Elisabeth Grünenwald stieß vor einigen Jahren im Fürstlichen Archiv in Oettingen auf ein Aquarell vom Jahre 1670, auf dem ein Teil der Stadt Oettingen dargestellt ist, wie sie sich von Südosten her im 17. Jahrhundert mit den beiden Mittleren Toren und den sie umgebenden Anlagen dem Blick eines Betrachters darbot.

Das Aquarell zeigt einen wichtigen Abschnitt der östlichen Stadtbefestigung mit den beiden Mittleren Toren, auf dem, durch den bewässerten Graben getrennt, jedes der beiden Tore für sich einen gewissen Mittelpunkt bildet. Zur Linken ist es das innere Mittlere Tor, das als ein in sich ruhender, in mehreren Stockwerken aufsteigender Bau, auf der Stadtmauer thront, von der es in der Höhe des ersten Stockwerks durchlaufen wird. Der sich in seinen Stockwerken nach oben leicht verjüngende, fast quadratische Turm zeigt in den drei, die Mauer überragenden Geschossen auf allen drei Feldseiten je zwei Schießöffnungen. Er endet in einer nicht allzu hohen, ziegelgedeckten Dachspitze, an deren unterem Rand an jeder Seite noch Ausgucköffnungen im Dach ausgespart sind, aus denen man sicherlich auch mit leichten Büchsen den Vorteil der Überhöhung gegen mögliche Angreifer wahrnehmen konnte.

Im Hintergrund erhebt sich, die ganze Szenerie überschauend, der Jakobsturm. Zur Rechten steht als zweiter Blickpunkt das äußere Mittlere Tor, ein typisches »Torhaus«, mit den damals in seinem Bereich bestehenden Gebäuden, Wegen und Begrenzungsmauern. Dazwischen verläuft die Stadtmauer in ihrer damaligen Gestalt mit ziegelgedecktem Dach und Schießscharten nach der Feldseite. Kurz bevor sie an der Nordostecke nach Westen abbiegt, zeigt sie ein Wächter- oder Mauerhaus, ein mitten auf ihre Achse aufgesetztes, auf ihrer Firstlinie verlaufendes, die Mauer an Breite und Höhe überragendes Häuschen mit Öffnungen, die ebenso als Ausguck- und Wachtlöcher, wie als Schießöffnungen dienen konnten. Es hat eine ausgezeichnete Position, von der aus alle Vorgänge zwischen den beiden Toren beobachtet werden konnten. Vor der Mauer verläuft der nasse Graben, dessen Wasser unter der Schlagbrücke hindurchfließt. Der zum Teil trockene Graben ist von dem überhöhten Rand des äußeren Walles eingefaßt und liegt dadurch einige Meter tiefer.

Ein Bauteil in der Mitte des Bildes aber dürfte die

Aufmerksamkeit des Betrachters besonders auf sich lenken: das auf der Feldseite dem Turm angebaute Vorwerk. An die Außenfront des Torturms angebaut, steigt es am Fuß der Stadtmauer aus dem Graben auf. Es trägt eine Plattform, die auf den drei Feldseiten von einer Brüstung umschlossen ist. Eine Barbakane also, sie zeigt auf der dem Betrachter zugewandten Seite, wie auf der abgewandten drei rundbogige Schießöffnungen für schwerere Büchsen. Drei Schießöffnungen sind auch in die Stirnseite der Barbakane über der Torausfahrt eingebaut. Die Stirnseite ist durch zwei Einschnitte unterteilt, aus denen zwei starke Balken über den Vorbau hinausragen, von deren beiden Enden zwei eiserne Ketten zu den äußeren Enden der Schlagbrücke hinunterführen. Sie sind die Zugseile, an denen die Schlagbrücke aufgezogen wurde, wenn die jetzt etwas nach unten weisenden Balken an ihren inneren Enden heruntergezogen wurden. Die Schlagbrücke ist auf dem Bild herabgelassen. Sie selbst wird von einem hölzernen Geländer eingefaßt, während die über den ausgetrockneten Grabenteil gebaute, die Straße fortsetzende, gemauerte Brücke von einem bis in den Graben hinunterreichenden Mäuerchen begleitet wird.

Der Unterbau der Barbakane wird durch zwei aus dem Graben aufsteigende Steinpfeiler noch zusätzlich gestützt. In solcher Gestalt und Ausstattung muß man sich auch die beiden Barbakanen vorstellen, die beim Königstor, deren Errichtung im vorausgehenden Kapitel nach den Unterlagen der Drittelbaurechnung geschildert wurde, und die dem Oberen Tor vorgebaute, deren Vorhandensein und Vergleichbarkeit mit den beiden bereits beschriebenen von Elisabeth Grünenwald bezeugt wurde.

Das Aquarell zeigt auch, daß sich damals unter dem Schutz des äußeren Mittleren Tores an der belebten Straße zwischen den beiden Toren bereits einige Handwerker niedergelassen hatten, erste Bewohner des dortigen Zwingers, und zwar auf der linken Seite der zum äußeren Tor führenden Straße ein Kupferschmied und ein Seiler mit ihren Läden und ein Steinmetz mit seiner »Steinhütte«. Der Grabenrand zwischen den drei Häusern und der linken Ecke des äußeren Mittleren Tores wird gegen den Graben hin von einer hohen Mauer abgeschlossen. Ihnen gegenüber auf der rechten Straßenseite in Richtung des äußeren Tores standen damals die Hofstatt des Bürgers Bittner und das Haus des Metzgers Jerglin, von denen nur die Grundstücke mit ihren Grenzen und den Namen der Eigentümer eingezeichnet sind, wohl um durch Weglassen der Gebäude die Sicht auf die gegenüberliegenden Häuser frei zu lassen. Anschließend an des Jerglins Haus zeigt das Aquarell einen durch ein rundbogiges Portal kenntlich gemachten, schmalen Gang »uf den Wahl«, der offenbar rechts am Tor vorbei nach draußen auf den inneren Wall des Augrabens führte. Bei des Bürgers Bittner Hofstatt ist auf dem Bild ein parallel zum Graben auf dem Wall in Richtung Süden (Entengraben) angelegter Weg eingezeichnet. Schon damals waren auf den Dämmen offenbar Wege angelegt.

Dieses Aquarell ist kein Kunstwerk, für uns aber durch die Informationen, die es nicht nur für das innere und äußere Mittlere Tor, sondern darüber hinaus für die Gesamtanlage der Oettinger Stadtbefestigung in der Genauigkeit und Vollständigkeit seiner Aussagen zu bieten vermag, für den Geschichtsfreund ein Dokument von unschätzbarem Wert.

Durch bildliche Darstellung aus persönlicher Anschauung lernen wir das Aussehen eines wichtigen und wegen mangelnder Informationen aus dem Drittelbau besonders interessanten Abschnitts an der Ostseite der Oettinger Stadtbefestigung genauer kennen, als dies allein durch die Notizen im Drittelbau möglich ist. Das innere Mittlere Tor von der Feldseite her, wie es aufgebaut und ausgerüstet war, mit der Barbakane, deren Aussehen auch für die beim Königstor und beim Schloßtor befindlichen Barbakanen wichtige Anhaltspunkte liefert,

Aquarell der Mittleren Tore von 1670, siehe auch Situationsplan S. 42.

mit der Schlagbrücke, deren Funktion und Aussehen wir auch auf die übrigen Schlagbrücken übertragen können, von deren Vorhandensein wir aus dem Drittelbau wissen. Wir sehen am Bilde, wie die von der Schlagbrücke kontrollierte, aus der Stadt kommende Straße nach Passieren der Schlagbrücke durch eine steinerne Brücke auf und über den Innenwall des inneren Stadtgrabens zum äußeren Mittleren Tor geführt wurde. Wir haben eine bildliche Dokumentation über die Stadtmauer und sehen, wie dem heute noch zu großen Teilen bestehenden, massiven Unterbau offenbar zur rechten Zeit ein bedachter Wehrgang aufgesetzt worden war mit Schießscharten auf der Feldseite. Am äußersten rechten Ende des Wehrgangs kurz vor dem Knick, den die Stadtmauer hier vollzieht, wird ein »Mauerhaus« gezeigt, das eine der letzten Verteidigungseinrichtungen war, mit denen nach dem Drittelbau die Stadtmauer selbst noch verstärkt wurde. Ein ähnliches Mauerhaus war – wie bereits oben erwähnt – auch beim Oberen Tor der Mauer aufgesetzt worden. Wir haben auch einen sichtbaren Beweis für die Wasserführung auch auf der Ostseite des inneren Grabens. Bei der heute an dieser

Stelle bestehenden völlig veränderten Bebauung würde niemand den Schluß ziehen, daß dort vor rund 300 Jahren ein Verteidigungssystem bestand, wie es auf dem Aquarell gezeigt wird. Nicht weniger wichtig sind die Informationen, die wir für das äußere Mittlere Tor dem Bilde entnehmen können. Wenn auch das äußere Mittlere Tor heute noch besteht, so ist doch das Tor selbst heute baulich verändert, und seine damalige Umgebung in dem heutigen Bilde nicht wieder zu erkennen. Dazu hat der Schöpfer des Aquarells die Zwingersiedlung in einer Form dargestellt, daß wir daraus über Standort, Gewerbe und Namen der damaligen Bewohner dieses zwischen beiden mittleren Toren auf dem Innenwall des inneren Grabens entstandenen Zwingers informiert werden. Auch hierüber, wie über Wege und Stege und über ihre Begrenzungen erhalten wir eine genaue bildliche Information, aus der wir – und das gilt für alle parallelen Einrichtungen an den anderen Stellen der Oettinger Stadtbefestigung – annehmen, daß die Barbakanen, Schlagbrücken, steinernen Grabenbrücken und die sonstigen vergleichbaren Wehrbauten in etwa die gleiche Ausrüstung und Funktion und auch ein ähnliches Aussehen hatten, wie die auf dem Aquarell dargestellten.

Die Abbildung des inneren Mittleren Tores zeigt im 3. und 4. Obergeschoß des Torturms über der Durchfahrt und dem rückwärtigen Bereich der Barbakane in hellerem Putz »des mittlen Torwarts Wohnung«. Sie umfaßte, wie es im Teilungslibell heißt, »in zwei Stockwerken eine größere und eine kleinere Wohnung, massiv, zweibödig, 23 Schuh (rd. 7m) lang und 26 Schuh (rd. 8 m) breit, unter doppeltem Plattendach, mit darin ausgeführtem Kamin und neun unterschiedlichen Fenstern«. In dem (unteren) Stockwerk (befanden sich) eine Stube mit einem irdenen Ofen und Bratrohr, zwei kleine Kammern und eine mit Backsteinen gepflasterte Küche mit Rauchmantel. In das darüber liegende Geschoß ging eine Stiege. Dort befanden sich ein Vorplatz, eine kleine Küche mit einem Rauchmantel, eine Stube mit einem irdenen Ofen und eine Kammer unter dem Dach mit Tür und Fußboden.

Das Königstor von heute im Jahre 1990

Das Obere Tor und sein feldseitiges Vorwerk

Elisabeth Grünenwald gelangte bei ihren Untersuchungen über das Obere Tor zu der Erkenntnis, »daß man sich die Gesamtanlage des Oberen Tores[63] im 15. und 16. Jahrhundert ganz entsprechend der des inneren Mittleren vorstellen dürfe, wie dieses auf dem von ihr im Fürstlichen Archiv aufgefundenen o.g. Aquarell aus dem 17. Jahrhundert dargestellt ist.« Da wir keine aussagekräftigen Abbildungen vom Oberen Tor aus dem 15. und 16. Jahrhundert vorliegen haben, bietet uns dieser Hinweis Elisabeth Grünenwalds wertvolle Anhaltspunkte. Wir dürfen also annehmen, daß auch das feldseitige Vorwerk des Oberen Tores zu gegebener Zeit die Brüstung und Schießeinrich-

Salettlbau
An dem etwa 7 Meter vor die Nordfassade des Neuen Schlosses vorspringenden Baukörper des Salettlbaus markieren Erdgeschoß und 1. Stock Lage und Umfang der Tordurchfahrt und der ihr aufgesetzten Barbakane. Die Tordurchfahrt blieb weiterbestehen, die Barbakane mußte dem Neubau weichen.

tungen einer Barbakane aufgesetzt erhielt. Aus dem Archiv erfuhren wir, daß im Jahre 1574 im Zuge der damaligen Verstärkungsmaßnahmen an den Hauptbauten der Stadtbefestigung beim Oberen Tor mit einem Aufwand von 154 Gulden über den trockenen Grabenteil vor dem Tor eine steinerne Brücke neu »gewölbt und aufgemauert« und an der Außenfront (der Barbakane) des Oberen Tores eine Schlagbrücke neu angebracht wurde, die den Zugang über den hier bis zum Ende des 18. Jahrhunderts bewässerten inneren Stadtgraben und zur o.g. Steinbrücke führte[64].

Bei der Einbeziehung des stadtseitigen Vorwerks und des stauferzeitlichen Teiles der Tordurchfahrt in den »Hohen Bau ob dem Stadttor« blieb das nördliche, vorstadtseitige Drittel ebenso unüberbaut, wie beim Bau des Neuen Schlosses (1679). Erst zwischen 1683 und 1723 wurde dann auch dieses Vorwerk mit seiner Barbakane überbaut, zunächst im ersten und zweiten Geschoß mit Wohnungen und dann im dritten mit dem sog. »Salettl«, nach welchem der ganze Bau fortan »Salettlbau« genannt wurde. Seitdem, bis zum heutigen Tage, ist dieses nördliche Drittel der 32 Meter langen Schloßdurchfahrt der einzige sichtbar gebliebene Zeuge der einstigen Barbakane beim Oberen Tor, dessen originale Durchfahrt im Erdgeschoß bis heute erhalten ist.

Das äußere Mittlere Tor

In dem Wallersteiner Bauakt zur Errichtung eines Türmleins beim Mittleren Tor aus dem Jahre 1511 ist noch mit keinem Wort von einem äußeren Mittleren Tor die Rede. Zwischen dem Baujahr 1511 und dem Dreißigjährigen Krieg scheint auch hier analog zur Situation beim Königstor im Zusammenhang mit dem Entstehen einer Vorstadtsiedlung vor dem bisherigen Mittleren Tor eine Änderung erfolgt zu sein. Zur Sicherung der Übergänge über die dortigen Gräben war am äußeren Ende der neuen mittleren Vorstadt zunächst eine Wache errichtet worden. Im Laufe der Zeit wurde sie durch eine gemauerte Durchfahrt ersetzt, die im ersten Geschoß eine Wohnung und eine Wachstube erhielt. Jedenfalls erscheint unter dem 19. Mai 1633 nun erstmals in den Drittelrechnungen ein »äußeres Mittleres Tor«, wobei der stadteinwärts gelegene Torbau von nun an die Bezeichnung »inneres Mittleres Tor« erhielt. Neue Bänke und ein neues Ofengeländer, die dem äußeren »Mittleren Tor« 1633 zugebilligt wurden, beweisen, daß sein Obergeschoß bereits wohnlich eingerichtet war, und im Oktober 1633 wurden beide mittleren Tore in einer einzigen Eintragung der Drittelbaurechnung genannt, als »zwei neue Doppel auf die zwei Schlagbrucken unter[66] den Mitteln Toren gemacht wurden.« Nach weiteren, im Drittelbau genannten Arbeiten besaß das äußere Mittlere Tor um 1634 eine Schlagbrücke, ein Einlaßbrücklein mit Haspel, ein Einlaßtürlein und ein Fallgatter. Seine Ausstattung war also der der anderen äußeren Tore durchaus gleichwertig, so daß dieses äußere Mittlere Tor (das etwas verändert, ja heute noch besteht) von nun an ebenfalls zu berücksichtigen war[67]. Auf dem Aquarell von 1670 stellt

Äußeres Mittleres Tor, nach dem Umbau des 19. Jahrhunderts.
Torbau von Stadtaußenseite. Rechterhand eines der typischen Oettinger Zollhäuser (vgl. Situationsplan S. 42 Nr. 12).

sich das äußere Mittlere Tor als typisches »Torhaus« dar. Es trägt auf dem Aquarell über der unter einem kleinen Dach vorgelagerten inneren Tordurchfahrt ein Stockwerk mit drei vertieften, rundbogigen Schießöffnungen, hinter denen wohl auch die Torwartswohnung lag. Eine weitere kleine Wohnung dürfte unter dem hohen, von einem Kamin überragten Satteldach untergebracht gewesen sein. Auch die dem inneren Mitteltor zugewandte Giebelseite zeigt drei als Schießlöcher verwendbare Öffnungen. Wie beim äußeren Unteren und äußeren Oberen Tor wurde auch vor das äußere Mittlere Tor ein »brettenes Wachhäuslein« für die Wachposten aufgestellt und ein viertes vor der Uhlin Haus gegenüber der Wörnitzbrücke[68], wie bereits erwähnt.

Das äußere Untere Tor[69]

Das an der wichtigen Straße nach Nördlingen gelegene äußere Untere Tor bestand schon seit dem Jahre 1422, in der ersten Zeit wohl in Gestalt des damals üblichen einfachen Torhauses mit Tordurchfahrt im Erdgeschoß und Torwartswohnung im Obergeschoß. Im Zuge der im 17. Jahrhundert fortgesetzten Verstärkungsmaßnahmen an der Oettinger Stadtbefestigung erhielt es in den Jahren 1601/2 neben einer allgemeinen Erneuerung eine neue Brücke, wohl über den in früherer Zeit angelegten Augraben, durch welchen dieses Außentor in die äußere Stadtbefestigung einbezogen wurde. Als Kosten werden hierfür im Drittelbau 155 Gulden und 32 Pfennige verzeichnet. 25 Jahre später, im Jahre 1626, setzte man seine Schlagbrücke instand. 1633 wurde dem äußeren Unteren Tor vor dem Grabenwall und der Augrabenbrücke auch noch ein Schlagbaum vorgebaut mit einem neuen, zweiflügeligen, aus starken Eichenbohlen gefügten, drei Meter hohen Gattertor und einem Schildwachthäuschen mit Posten vor Gewehr zur Überwachung der belebten Nördlinger Straße. Für »harmlose Passanten« wurde ein besonderer Einlaß mit Einlaßbrücke und -tür hinzugefügt. Eine Schildwachtbank beim Tor lud zum Verweilen ein. Von vier durch »den Bronnenmeister« im gleichen Jahre 1633 erstellten »bretternen Wachhäuschen« wurde eines hier, beim äußeren Unteren Tor, aufgestellt als Unterstand für die dort aufgestellten Sonderposten. Das Tor mußte 1670/71 nochmals »vom Grund aus neu aufgeführt werden«. Es bestand mit dem bei ihm aufgestellten Wachhäuschen, Wallbaum und Schlagbaum bis zu seinem Abbruch im Jahre 1814. Ein bis dahin unter seinem Torbogen angebrachtes Bild einer Kreuzaufrichtung wurde in der Sebastianskirche auf der ersten Empore über dem nördlichen Aufgang neu aufgehängt. Am alten Standort des Tores, an der Engstelle, an welcher sich heute die Firma Bohner befindet, war später zeitweilig in einem Zollhäuschen eine Zollstelle unterhalten worden.

Das äußere Untere Tor hatte nach dem Teilungslibell von 1744[42] folgende Ausstattung: Im Erdgeschoß die Durchfahrt für die mit Nördlingen verbindende Straße, darüber die Torwartswohnung, in einen Turm aptiert (eingepaßt), beide von 26 Schuh (rd. 8 m) Länge und 19 Schuh (rd. 5,70 m) Breite, massiv, zweistöckig mit einem Hohlziegeldach und sechs unterschiedlichen Fenstern. In den oberen Stock ging außen eine einfache, mit einem Plattendach geschützte Blockstiege. In der Wohnung befanden sich ein Ofenplatz in einer Küche, eine Stube mit irdenem Ofen, eine kleine Kammer und ein Secret. Rechter Hand vom Tor stand ein Stück Mauer von 45 Schuh (rd. 13 Metern) Länge samt einem hölzernen Brücklein (über den Augraben) mit Haspel und davor ein Schlagbaum mit Wallbaum,« wie auch beim inneren Unteren Tor (Königstor).

Königstor und äußeres Unteres Tor auf einer Zeichnung von G.S.C. Faber, 1776

Versuch einer Nachbildung des äußeren Unteren Tores *Zeichnung Horst Prager*

Ein neues äußeres Oberes Torhaus[71]

Die Drittelbaukommission hatte mit den beim Oberen Tor erfolgten baulichen Veränderungen stets Schritt gehalten und auch sonst die notwendig gewordenen Maßnahmen genehmigt. Nachdem mit dem Einbau des Oberen Torturms in das Schloß die Torwartswohnung verloren gegangen war, wurde beim Tor ein eigenes Torwartshäuschen errichtet, von dem aus der Torwart den Verkehr überwachen und das Öffnen und Schließen des Oberen Tores besorgen konnte. Die durch die Verbauung des Oberen Torturms verlorene Verteidigungskraft wurde später durch eine grabenseitige Barbakane mehr als wettgemacht. Schon im Jahre 1622 war die Uhr am Oberen Tor wieder mal repariert worden. Zwei Jahre später, 1624, hatte die Schlagbrücke eine Instandsetzung erfahren, die offenbar nur geringen Erfolg hatte. Wenig später von 1630 bis 32[41] erforderte sie nicht weniger als elf weitere Reparaturen, und schon ein Jahr später mußte an ihr auch noch ein neues »Geschwöll« (Holzauflage,

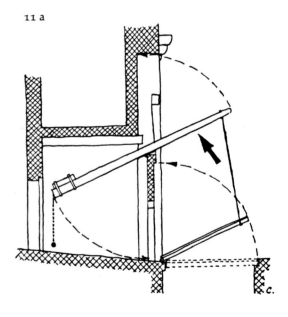

Schlagbrücke
Zugbrücke – Schwenkbalken

Es handelt sich hier um eine Holzbrücke, die durch Aufziehen eines um eine Horizontalachse drehbaren Teiles der Brückenplatte unterbrochen werden konnte. Das Aufziehen der Brückenplatte konnte durch eine Haspel, durch Schwenkbalken oder (seltener) in Form einer Wippbrücke mit Einschlag in die »Wolfsgrube« geschehen.

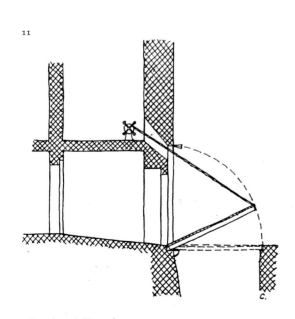

Zugbrücke mit Haspel

»Schwelle«) »beschlagen und vermacht« werden. Sie scheint also sehr häufig bewegt worden zu sein. Um sie zu schonen, und weil das Aufziehen der Brücke eine sehr umständliche Prozedur war, wurde auch beim Oberen Tor »ein Steg von Tannholz« über den inneren Graben angelegt mit »zwei Geländern zu der Stadtmauerstiege beim Schloß der Münz.« Ein Fallgatter unter dem Oberen Tor scheint nur kurzen Bestand gehabt zu haben, denn es wird nur einmal, am 1. Januar 1634, genannt. Wie wichtig dem Drittelbau auch eine erhöhte Sicherung der nördlichen Stadt, und vor allem des alten spielbergischen Schlosses war, zeigt die vom Aquarell des Mitteltores schon bekannte neue Verteidigungsform eines Mauerhauses, das hier 1633 der Stadtmauer unmittelbar beim Münzschloß zur aktiven Abwehr möglicher Angreifer aufgesetzt wurde. Es hatte eine eigene Zugangsstiege zur Stadtmauer. Zu seinem Bau waren zwölf Fuhren von Eichen- und Tannenholz aus Marktoffingen herbeigeschafft worden. War so im Bereich um das Schloßtor viel geschehen, so wurden zugleich auch die Sicherungen in der Oberen Vorstadt erheblich verbessert. Lange Zeit hatte dort »ein Schranken« jenseits des inneren und äußeren Walls genügt, um den Personen- und Güterverkehr zu kontrollieren. Nun wurde gegen ein Durchbrechen der Schranke durch stärkere Kräfte ein hinter der Schranke eingebautes, aus starken Hölzern gefügtes, hohes zweiflügliges Gattertor dazu gebaut, das mit Spezialschlössern versehen war und einen raschen Durchbruch unmöglich machte. Von der ihr zugeteilten Wachmannschaft war immer einer als »Posten vor Gewehr« eingeteilt, der im Notfalle mit der Waffe einschreiten konnte. Gleiche Schranken mit Gattertoren und Schildbank wurden auch auf der Wörnitzbrücke zur Kontrolle der Zufahrt zu den Mittleren Toren und vor das äußere Untere Tor gesetzt zur Überwachung des Verkehrs auf der Straße nach Nördlingen.

Auch in der Oberen Vorstadt hatte bisher schon ein einfaches Wachhaus dem Posten als Unterstand zur Verfügung gestanden. Es wurde nun zum Teil abgebrochen und an seiner Stelle 1633 aus Mauer- und Ziegelsteinen ein neuer, winterfester Bau »aufgemauert, gehörig gezimmert, verworfen und mit einem Ofen versehen.« Für dieses neue Bauwerk bürgerte sich im Drittelbau und im Volke die Bezeichnung *äußeres Oberes Tor* ein, und unter diesem Namen wurde es auch im offiziellen Teilungslibell[42] von 1744 aufgeführt. Die Gesamtheit der am Oberen Tor angelegten Wehr- und Wasserbauten ist in einem Situationsplan auf S. 80 in allen Einzelheiten dargestellt und erläutert.

Schildwachten[72], Wach- und Schießöffnungen, Mauer- oder Blockhäuser auf der Stadtmauer

Nach der Bewehrung der Wälle und Dämme, Schanzen und Brustwehren mit Palisaden, Faschinen und Schanzkörben, nach der Errichtung von Schranken, Schlagbäumen, Gattertoren und Schildwachthäuschen vor den Gräben und äußeren Toren, nach der Anbringung von Schlag- und Einlaßbrücken am inneren und äußeren Stadtgraben und den Fall- und Schoßgattern an und in den Toren ging man jetzt daran, auch die Stadtmauer selbst mit zusätzlichen Anlagen zu verstärken. Als solche wählte man zunächst sog. »Schieß- und Wachlöcher« oder »Schildwachten«, wie sie im Drittelbau genannt wurden. Der bereits genannte, in dieser Zeit in den Drittelbauabrechnungen nun auftauchende und mit besonderen Vollmachten ausgestattete Stadthauptmann, »Capitan« Andreas Crämer, gab im August 1632 den Befehl, »daß auf der Stadtmauer und deren Dachung sechs Löcher zu Schildwachten ausgebrochen werden sollen.« Im darauffolgenden Monat ordnete er an, daß »zur Bürnung (= Verbauung) der Orte, auf denen die Schildwacht gehalten wird, 35 Bretter geliefert werden sollen«, wozu der Schmied von Aufkirchen noch 400 Brettnägel fertigte. Im darauffolgenden November ließ er an der Stadtmauer »oben am Dach« elf Löcher ausbrechen und zwei Stiegen, die zur Mauer führten, abbrechen. Im Dezember 1632 schließlich wurden durch Maurermeister Lorenz Schmidt die Schießlöcher weiter ausgebrochen und die bereits ausgebrochenen Mauerlöcher »mit Ziegeln überschossen.« Im gleichen Monat setzte man an anderen Stellen Holzfüllungen in die zu weit ausgebrochenen Schießöffnungen ein und ließ in deren Mitte Löcher anbringen. Später wurden einige von ihnen nochmals verengt. Wenn man den Sinn und Zweck einer Schildwacht, wie er oben dargelegt wurde, mit diesen Wachtlöchern in der Mauer vergleicht, dann kann man nur annehmen, daß die Mauerstellen, an denen man diese Öffnungen anlegte, als besonders gefährdet angesehen wurden. Wie die Schildwachten waren sie ständig

Nachfolgebau zum Mauerhaus vom Aquarell des Mitteltorbereichs mit Jakobsturm (Hochwacht), vor 1928.

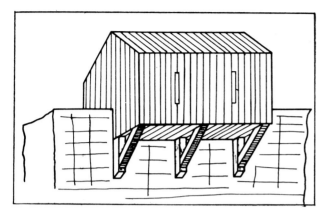
Hölzernes Mauerhaus auf der Ringmauer.

Vorgekragter, hölzerner Wehrgang mit Mauerhauscharakter.

besetzt zur Beobachtung ihres Vorfelds und zu sofortigem Gebrauch der Waffe, wenn Gefahr im Verzug war. Sicherlich wurde durch diese einfachen Maßnahmen der Verteidigungswert der Stadtmauer nicht unerheblich gesteigert. Daß auch andere erfahrene Fachleute solche in die Mauer gebrochenen Löcher schätzten, zeigt das Beispiel des von der Dinkelsbühler Kinderzeche her bekannten schwedischen Obristen Sperreuther. Als er im August 1636 nach Oettingen gekommen war, ließ er in die Stadtmauer sofort wieder Schieß- und Wachlöcher einbauen.

Gegner dieser Maßnahme haben (wie nach Capitän Crämers Weggang) diese Löcher sofort wieder schließen lassen. Auch als Sperreuther Oettingen wieder verlassen hatte, wurden die von ihm veranlaßten Öffnungen in der Mauer wieder geschlossen. Wegen des bereits eingetretenen Männermangels wurden in diesen Jahren häufig weibliche Kräfte, meist aus der eigenen Familie stammend, zu solchen Arbeiten herangezogen. So wurden z.B. die Maueröffnungen von Maurermeister Wagner und seinen beiden Töchtern wieder vermauert.

Eine wesentlich stärkere Abwehrwirkung als die Schieß- und Wachlöcher hatten die an Brennpunkten z.B. beim Oberen und Mittleren Tor dem Wehrgang aufgesetzten Mauer- oder Wachthäuser[73]. Nach der Drittelbaurechnung wurde beim Oberen Tor eines der Mauer- oder Wachthäuser der Stadtmauer aufgesetzt, ein Typus von dem wir eine Abbildung auf dem Aquarell des Mitteltorbereichs bereits kennengelernt haben. Auch dem Mauerhaus beim Oberen Tor war eine besondere Abwehrfunktion zugedacht. Deshalb erhielt es auch eine eigene Stiege, damit es rasch erreicht werden konnte. Noch 1673 hielt man es für so wichtig, daß man den Maurer Heinrich Guggenberger beauftragte, dort zwei Öfen neu zu setzen, die Wand neu zu verwerfen und eine gepflasterte Tenne dort einzurichten.

Bereich zwischen äußerem Oberen Tor und Schildwache an der Einmündung Ziegelgasse in die Mühlstraße, dem möglichen Standort des nördlichen Gattertors. In späterer Zeit auch Zahlstelle für den Pflasterzoll (siehe untenstehende Karte).

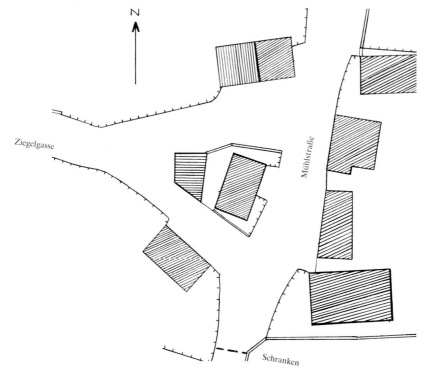

Der Dreißigjährige Krieg

Die Ruhe vor dem Sturm

Hatten die Grafen und die Stadt schon für die Dauer der Notlage zugunsten eines neu ernannten Stadtkommandanten auf die alleinige Entscheidung über fortifikatorische Maßnahmen an der Oettinger Stadtbefestigung verzichtet, so verzichteten die Grafen nun wohl auch auf die Ausübung des ihnen von Karl IV. für ihr Territorium zugestandenen Geleitsrechts, solange die inzwischen eingetretene Unsicherheit auf dem flachen Lande andauerte. An die Stelle des gräflichen Geleits trat nun ein militärischer Geleitschutz, für dessen Aufgabe die fremdwortverliebte Zeit das Wort »convoiieren« erfand. Bei diesem Geleit mußten für jeden Musketier fünf Kreuzer und eine Brotzeit bezahlt werden. Oft waren auch weitere Amtspersonen, wie der äußere Bürgermeister, der »Bürgerknecht« und andere mit von der Partie, die auch entschädigt werden mußten.

So wurde am *23. Juni 1630* ein Brettertransport von Mönchsroth nach Oettingen »convoiiert«, mit Zehrkosten von einem Gulden. Ein zweiter, *im August 1630* convoiierter Transport mit Dielen und Bruckbrettern im Wert von 30 Gulden wurde von 16 Personen convoiiert, darunter nur 5 Convoiern, mit Zehrkosten von 3 Gulden 20 Kreuzern. Die lange Strecke von Mönchsroth nach Oettingen mag diesen Aufwand gerechtfertigt haben. Drei Jahre später aber scheinen auch kürzere Strecken bereits so gefährdet gewesen zu sein, daß man sie nur mit Convoiierung befuhr. Das gilt von einem Zug von zwölf mit Eichen- und Tannenholz beladenen Wagen vom zwei bis drei Stunden entfernten Marktoffingen nach Oettingen am *27. Juli 1633*, für dessen Schutz »der Unsicherheit halben« ein Corporal und 48 Musketiere aufgeboten wurden. Im August *1633* hielt man es gar für erforderlich, für eine Fuhre von 12 Fudern Mauersteinen vom unmittelbar westlich Oettingens gelegenen Roßfeld zur Stadt eine Convoiierung durch einen Gefreiten und 15 Musketiere einzusetzen. Am *4. Juni 1634* schließlich »haben alle Musketier vom hiesigen (Oettinger) Ausschuß und die ganze Bürgerwehr zur Abholung einer Eiche aus dem nahen Mönchsholz ausrucken müssen.« Wenn man für so kurze Strecken ein solches Aufgebot zu benötigen glaubte, muß das als Zeichen dafür gewertet werden, daß schon die nächste Umgebung der Stadt unsicher geworden war. Kein Wunder, daß man jetzt auf den äußeren Wällen und Dämmen die Nacht über bewaffnete Posten Wache halten ließ, für die in der kalten Jahreszeit große Feuer entfacht wurden, an denen sie sich wärmen konnten. Die hohen Gattertore draußen vor den äußeren Toren versah man mit neuen verdeckten Sicherheitsschlössern, die schwer zu öffnen waren. Auch die kleinste Öffnung in der Stadtmauer wurde verrammelt und die Einlaß- und Ausflußstellen für die Stadtwasserleitung beim Oberen und Unteren Tor wurden mit Steinen beschwert, die kein Mensch allein bewegen konnte. Wo das Wasser Gräben, Dämme und Wälle angefressen hatte, wurden die Schäden umgehend behoben, so bei der Roßwette beim Unteren Tor und am Wall beim äußeren Unteren Tor. Auch hinter Wall, Graben und Stadtmauer fühlte man sich in Oettingen nun nicht mehr sicher.

Kriegshandlungen in der Stadt und ihrer Umgebung

Der »unversehene Einfall« des Johann von Werth vom Juni 1634 – Ein zweiter Überfall am 4. August 1634 – Fortsetzung der Verstärkungsmaßnahmen an der Stadtbefestigung

Wie begründet die Befürchtungen der Oettinger Grafen und Ratsherren waren, daß auch ihre Stadt Opfer eines Überfalls werden könnte, sollten sie erfahren, noch ehe sie die fieberhaft vorangetriebenen Arbeiten an der Verstärkung ihrer Stadtbefestigung abgeschlossen hatten.

Im Jahre 1634 hatte das kaiserliche Lager mit der Ermordung Wallensteins, der einer der fähigsten Heerführer des Dreißigjährigen Krieges gewesen war, eine Zerreißprobe in seiner Führungsspitze erstaunlich rasch überstanden. Die Schweden saßen in München und Regensburg und schickten sich an, nach Absprache mit dem sächsischen Kurfürsten in einer Zangenbewegung das wichtige Böhmen zu gewinnen. Da führte des Kaisers Sohn, der Ungarnkönig Ferdinand, der als Generalissimus die Nachfolge Wallensteins angetreten hatte, einen Gegenzug durch. Unbekümmert um die Schweden, die im Süden an der Isar standen, zog er mit der letzten Armee, die den Kaiserlichen verblieben war, donauaufwärts und vereinigte sich mit der bayerisch-ligistischen Armee Kurfürst Maximilians, um die verlorenen Städte wiederzugewinnen. Die Armee Wallensteins erwies sich unter der neuen Führung als so intakt und kampffähig, daß es ihr gelang, in raschem Zug Passau und Straubing zu besetzen, und schon drang sie auf das schwedischbesetzte Regensburg vor. Es wurde belagert, und Teile des kaiserlichen Heeres drangen auf Ingolstadt vor, wo sie sich mit den bayerischen Truppen vereinigten.

Zu diesen gehörte der Reiterführer Johann (Jean) von Werth, der sich durch kühne Vorstöße in Feindesland und seine Unberechenbarkeit bereits einen Namen gemacht hatte. Typus des skrupellosen Heerführers dieser Zeit, ob seiner taktischen Beweglichkeit bei seinen Verehrern als »der wunderbare Überall und Nirgends« in einem legendären Ruf stehend, war er für einen verwegenen Handstreich ebenso zu haben, wie für listige Überrumpelung oder Wortbruch, wenn sein Vorteil es erforderte. Damals verpflegten sich auch die kaiserlich-bayerischen Truppen bereits aus dem Lande. Sie unternahmen, wenn sie nicht gerade auf einem Feldzug waren, sondern in Ruhequartieren lagen und sich auf einen solchen vorbereiteten, weite Verpflegungsraubzüge. Für diese suchten sie, wo es möglich war, zunächst Gebiete aus, deren Bevölkerung der gegnerischen Partei angehörte. Sie waren freilich auch bereit, bei eigenen Glaubensgenossen Beute zu machen, wo sich eine günstige Gelegenheit bot. Die in ihren Reihen dienenden Kroaten und Ungarn machten hier sowieso keinen Unterschied, weil ihnen die innerdeutschen Verhältnisse weitgehend fremd waren. Im Frühsommer 1634 hatte sich von Ingolstadt aus ein starkes Korps unter Johann von Werths eigenem Kommando zu einem solchen Raubzug aufgemacht, der ins Fränkische bis gegen Würzburg führte. Von dort wandte er sich dann südwärts nach Hilpoltstein und Heideck und kam von dort ins Ries, das er »fein und rein durchsuchte«, wie Matthias Merian in seinem Theatrum Europaeum wenige Jahre später feststellte. Der 1602 von Augsburg nach Nördlingen gekommene Drucker Lucas Schultes, Begründer einer frühen Wochenzeitung, ließ es sich nicht entgehen, in einer »Relatio« niederzuschreiben, was sich zu Oettingen nach dem »5. (15.) Juni dieses 1634. Jahres verlof-

Schultes' Relatio

Johann de Werth

fen und zugetragen.« Böse Absichten der kaiserlich-bayerischen Truppen waren offenbar auch in Oettingen nicht ganz verborgen geblieben, wo der kränkelnde Graf Ludwig Eberhard, »der evangelischen Glaubens war, sich aber nicht den Schweden angeschlossen hatte, angeblich trotzdem einen Denkzettel erhalten sollte.« Wodurch sich der Graf, in dessen Residenz Protestanten und Katholiken je zur Hälfte in Frieden zusammenlebten, den Rachedurst des Kaisers und des bayerischen Herzogs zugezogen haben sollte, blieb in Oettingen unerfindlich. Der Graf wollte es aber auf keine Probe ankommen lassen und brachte sich und seine Familie nach Nördlingen in Sicherheit, zu seinem Leidwesen gezwungen, seine Bürger und Untertanen in der Residenzstadt zurückzulassen. Während es dem Grafen gelang, mit seinen Angehörigen sicher und ungefährdet Nördlingen zu erreichen, soll die ihm nachgesandte Habe bereits Soldaten aus dem Detachement Jean de Werths in die Hände gefallen sein. Dieses Korps war am 5. (15.) Juni 1634, früh zwischen 8 und 9 Uhr, für die Mehrzahl der Bewohner »unversehens vor der Stadt Oettingen arrivirt.« Es hatte unter dem persönlichen Kommando Johann von Werths eine Stärke von 1 Regiment Dragoner, 400 Carabiniers, 1 Regiment Deutscher Reiter und acht Regimentern berittener Kroaten und Ungarn. Die ungebetenen Ankömmlinge verlegten sogleich alle zur Stadt führenden Straßen und Zugänge, so daß niemand mehr heraus- noch hineingelangen konnte, und sie begannen zugleich, »die Stadt ringsherum in großer Eil zu berennen.« Trotz der für manche wohl sehr überraschend gekommenen plötzlichen Gefährdung ihrer Stadt scheinen sich sofort genügend Bürger auf die Mauern und Wälle begeben zu haben, um sich an der Abwehr der von allen Seiten anstürmenden Angreifer zu beteiligen. Wörlein berichtet: »Die protestantischen Bürger besetzten zur Verteidigung das innere und äußere Mittlere Tor, den Torturm und den Wall, während die katholischen Einwohner die Verteidigung ablehnten.« Es ist dies die einzige Aussage dieser Art. In den übrigen Darstellungen findet sich nichts davon. In Lucas Schultes' Schrift wird jedenfalls berichtet, daß »man von der Stadt aus und von dem Turm, wie auch dem Wall stark Feuer gegeben« habe, so daß die »angreifenden starken Truppen sich darüber etwas retiriert« hätten. Die Angreifer hatten auch von der Wörnitz her, die von einem Teil von ihnen in Kähnen überquert wurde, ihren Angriff vorgetragen. Vor den Mittleren Toren gelang es den Angreifern zuerst, Fuß zu fassen. Die Dragoner und Deutschen Reiter hatten bald die für sie sehr günstige Position der beiden vor dem äußeren Mitteltor stehenden Gasthäuser zum »Adler« und zur »Sonne« erkannt. Sie waren sogleich von ihren Pferden abgesessen und hatten sich in den obersten Stockwerken eingenistet, von deren überhöhter Position aus sie, selbst, gedeckt und getarnt, die ungedeckt auf dem Wall stehenden Verteidiger unter Feuer nehmen konnten. Unter ihrem Feuerschutz näherten sich dann weitere Angreifer sogleich der Schlagbrücke beim äußeren Mittleren Tor und ließen diese nieder. Durch die bei diesem Tor, vom äußeren zum inneren Tor verlaufende Mauerpartie waren die angreifenden Kaiserlichen zugleich vor den auf dem Wall postierten Oettinger Verteidigern so gut gedeckt, daß diese ihnen mit ihrem Feuer keinen Abbruch tun konnten. Dadurch gelang es ihnen, ungestört die beiden äußeren Torflügel des äußeren Mittleren Tors aufzuhauen und mit Gewalt auf die Schlagbrücke beim inneren Mittleren Tor vorzudringen. Die auf dem äußeren Wall dem aus den Wirtshäusern auf sie gerichteten Feuer schutzlos preisgegebenen Oettinger Verteidiger sahen sich gezwungen, sich vom Wall herunter auf den zwischen dem äußeren und inneren Mitteltor liegenden Zwinger zurückzuziehen. Dort gelang es ihnen, die Angreifer, die das äußere Tor bereits aufgebrochen hatten, zurückzutreiben, wobei einige von diesen, auch Offiziere, tödlich getroffen wurden. Freilich hatte ein feindliches Geschoß dort auch den aus Nördlingen stammenden damaligen Oettinger Stadthauptmann Kilian Stark in beide Schenkel getroffen, so daß er für die weitere Verteidigung der Stadt ausfiel. Dadurch sahen sich die in der mittleren Vorstadt stehenden, nicht sehr zahlreichen Oettinger veranlaßt, sich angesichts der sich ständig mehrenden Zahl der Angreifer hinter das innere Mittlere Tor zurückzuziehen und auf die Stadtmauer zu begeben, von der aus sie, besser gedeckt, das Feuer auf die Eindringlinge fortsetzten.

Inzwischen hatte sich beim Oberen Tor Ähnliches zugetragen. Dort hatten die Angreifer zunächst den Palisadenzaun auf dem Wall vor dem Tor eingehauen, dann war es ihnen gelungen, sich des dortigen Einlaßtürleins zu bemächtigen, es aufzubrechen und sich einige Leitern zu beschaffen. Diese legten sie an die Mauer an, um sie zu ersteigen. Andere waren auf dieselbe Weise vom unteren Hofgarten aus in die Untere Vorstadt gelangt. Nachdem sie dort, ähnlich wie beim äußeren Mittleren Tor die Dachgeschosse einiger Häuser besetzt hatten, eröffneten sie auch hier mit Erfolg das Feuer auf die Verteidiger. Unter ihrem Feuerschutz konnten sich andere Angreifer auch an die dortigen Tore heranmachen.

Nun hielt Jean de Werth den Augenblick für gekommen, um die Stadt durch Oberstleutnant Gans und einen Trompeter zur Übergabe auffordern zu lassen. Bei seinen Ausführungen begann Gans mit der Versicherung des Generals, daß nach Erzielung eines günstigen Vertragsabschlusses (Akkords) niemand etwas zuleide getan werde. Er fordere nur, daß etwas Proviant für seine Truppen hinausgeschafft werde. Sollten die Oettinger aber dem nicht entsprechen, dann sei er entschlossen, die Stadt, ihre Vorstädte, und ebenso die ganze Landschaft in Schutt und Asche zu legen, alles niederzumachen, ja das Kind im Mutterleib nicht zu verschonen. Man solle sich dazu rasch entscheiden und dabei auch bedenken, daß seine Truppen jetzt »Meister im Feld« seien und die Lage nun anders sei als vordem. Der in der Stadt zurückgebliebene gräfliche Kanzler Dr. Keßler, der aus dem spielbergischen Markt Aufkirchen stammte, erwiderte: »Sein Herr sei in Nördlingen, er bitte daher um eine Frist von sechs Stunden, um die Befehle desselben einzuholen.« Er bat bei Oberstleutnant Gans und bei dem

Trompeter um Verständnis dafür, daß er eine so wichtige Angelegenheit in Abwesenheit der gräflichen Herrschaften nicht allein entscheiden könne. Man wollte aber auf seiten der Belagerer, vor allem der einfachen Soldaten, die reiche Beute erhofften, keinen Stillstand mehr eintreten lassen. So wurde das Ansuchen des gräflichen Kanzlers rundweg abgeschlagen, und man begann wieder aufeinander zu feuern. Schon während die Unterhandlungen noch liefen, war auch der Zugang zum Einlaßbrücklein des inneren Mittleren Tores eingehauen und die Obere und Untere Vorstadt von den Kroaten besetzt worden. Man suchte in der Stadtführung inzwischen fieberhaft nach Verhandlungspunkten, welche den Belagerern genehm sein könnten und allen Bedürfnissen der Bürger entsprechen würden und hoffte, weitere Zeit zu gewinnen und, da man keine rasche Hilfe zu gewärtigen hatte, den Feind hinzuhalten. Zur gleichen Zeit hatte der vorsichtige Johann von Werth, wie Wörlein berichtet, durch drei Reiterschwadronen erkunden lassen, ob nicht von Donauwörth her ein Eingreifen der Schweden drohe.

Als er Gewißheit erlangt hatte, daß von dort nichts zu befürchten sei, wandte er eine ganz neue Verhandlungstaktik an: Er ließ alle Drohungen fallen und kam den Oettingern freundlich entgegen, mit der Versicherung, er wolle in Oettingen für die verbündeten kaiserlich-bayerischen Truppen lediglich einige Magazine anlegen und Dragoner als Schutzwache in der Stadt zurücklassen. Die neuen, von der Stadt angebotenen Verhandlungspunkte waren dem General zwar wiederum nicht annehmbar erschienen, am Ende aber wurden sie in die endgültig ausgehandelten Bedingungen aufgenommen, »mit verbindlichen Zusagen für die Sicherung sowohl der Herrschaft als auch deren Diener, Bürger und Häuser von aller Ausplünderung und anderen Insolentien.« Dies wurde letztlich bewilligt, den Akkordspunkten beigedruckt und ist auch vom General eigenhändig unterschrieben worden.

Der gräfliche Kanzler und die Ratsherren hatten keine andere Wahl mehr und hofften, daß der General sein Wort auch halten werde. Nun wurden nachmittags nach vier Uhr Oberstleutnant Gans und Rittmeister Vallet mit einigen Deutschen Reitern und Dragonern in die Stadt eingelassen. Dem Begehren von Kanzler und Rat folgend, stellten sie eine Schutzwache (Salvaguardia) vor das untere Schloß. Dann forderten sie, daß alle, Ausschuß und Bürgerschaft, ihre Waffen auf dem Rathaus ablegen sollten. Zu dem nicht geringen Schrecken der Bewohner wurde gleichzeitig auch noch eine Schwadron Kroaten in die Stadt eingelassen. Sie blieben vor dem Rathaus »unter Gewehr« stehen, bis die Entwaffnung der Bürgerschaft vollzogen war. Nun kam der General selbst, begleitet von dem kroatischen Oberst Forgats und anderen kroatischen Offizieren und einigen hundert Pferden, in die Stadt geritten. Erneut wurde den oettingischen Dienern versichert, »daß dem Akkord, am wenigsten (in keinem Falle) zuwider gehandelt, sondern jedermann geschützt werden solle.« Im gleichen Atemzug aber ließ der General von den gräflichen Herrschaften die Zahlung einer Brandschatzung von 10.000 Reichstalern fordern. »Auf vielfältig bewegtes Zusprechen« wurde die Barzahlung dann auf 4000 Taler gesenkt und für die Zahlung der Restsumme der Junker von Eitelsberger als Geißel mitgenommen. Als auch dies geregelt war, ließen die Eindringlinge endgültig ihre Masken fallen und gaben ihren Leuten die Stadt und deren bedauernswerte Bewohner – das Untere Schloß ausgenommen – zur Plünderung und Heimsuchung frei. Den Anfang machten die Deutschen Reiter. Nach deren Abzug wurden die kroatischen Regimenter Zug um Zug eingelassen. Mit diesem begann nach Schultes' Bericht »die Ausübung barbarischer und abscheulicher Insolentien gegenüber allen, die sich nicht in das Gräflich-Oettingische Schloß hatten salvieren können.« In den Häusern wurden »alle Türen und Tore samt Kästen und Kisten aufgehauen und mit unersetzlichem Schaden, großem Schrecken und lautem Jammern der Bewohner alles ausgeplündert, verderbt und zuschanden gemacht.« Die Bewohner selbst wurden mit »Notzwang, Eingießung des sogenannten schwedischen Trunkes, Foltern, Raiteln (Streifen mit brennenden Pechringen), Schlagen, Stoßen, körperlicher Verletzung« mißhandelt, um aus den Unglücklichen die Preisgabe der Verstecke zu erpressen, in denen sie ihre Barschaft verborgen hatten. Der Bericht spricht weiter von der »Übung vieles anderen unchristlichen Tractaments« und der »Niedermachung etlicher Leute.« Die ganze Stadt sei dermaßen erfüllt gewesen mit Mord, Raub und Brand, wobei auch ein unschuldiges Kind von zehn Jahren »in etliche Stücke zerhauen worden sei.« Schließlich habe sich ihre Raserei (»furi«) gegen das Gräflich-Oettingische Schloß gewendet, dem sie mit Schießen, Stürmen, Einhauung, Brand und Feuer hart zugesetzt hätten, bis es ihnen gelang, sich der Pforten zu bemächtigen. Einige andere waren über benachbarte Bürgerhäuser in das Schloß eingedrungen. Hier, wohin sich viele verängstigte Bewohner schutzsuchend geflüchtet hatten, habe es auf »Spitz und Knopf« gestanden, daß nicht »ein rechtes Hauptblutbad entstand, welches unzweifentlich erfolgt« wäre, wenn nicht die Deutschen Befehlshaber, Oberstleutnant Gans und Rittmeister Vallet und andere sich mit ihren Leuten diesem Treiben ungeachtet eigener Lebensgefahr mit alleräußerstem Eifer und Ernst entgegengestellt hätten, wobei einige ihr Leben haben lassen müssen. »In aller Eile« wurde von ihnen deshalb auch noch eine weitere »Compagni«, die auf dem Feld draußen vor der Stadt bereitstand, zur Beschützung des Schlosses unverzüglich angefordert. Mit solchem andauernd gefährlichen Zustand, Ab- und Zureiten, Plündern, Beutemachen und Tyrannisieren der Bewohner war die ganze Nacht erfüllt, wobei auch immer wieder versucht wurde, das Feuer an und in dem Schloß mit Gewalt zu legen und es zur Ausbreitung zu bringen. Am darauffolgenden Freitag wurden in aller Frühe alle Pferde und Rinder, etliche hundert Stück, hinweggenommen und einzelne Bürger, in die Stadt Geflüchtete und Diener, geistlich und weltlich, mit schwerer Ranzion (Geldbuße) von 100, 200 und mehr Gulden belegt, und von der städtischen Garnison, dem Ausschuß, und vom Landvolk wurden 58 Köpfe insgesamt mitgeführt.

Bei dieser Aktion haben die Kaiserlichen auf ihrer Seite verloren einen Obristen-Wachtmeister, welchen der General stark ermangelt habe, und neben zwei Rittmeistern einen Capitän, einen Cornet und etliche gemeine Soldaten. Nach des Generals eigener Aussage »war der Anschlag«, wie Schultes berichtet, »gegen die ganze Herrschaft gerichtet gewesen, welche sich des Tags zuvor habe allda beisammen einfinden wollen und unversehens mit einander hätte überfallen werden sollen. Mit ihrem Raub haben sie ihren Repaß (Rückzug) wieder nach »Engelstadt« angetreten und denselben gutenteils zu Geld gemacht.« Schultes' Bericht schließt mit dem schicksalsergebenen Ausspruch: »Den fernern Verlauf gibt die Zeit.«

Die Marodeure des ersten Überfalls vom 5. Juni 1634 waren natürlich nicht geradewegs in die Donaufestung zurückgeritten, sondern hatten sich auch noch an den Nachbarorten gütlich getan. Dabei wurde, wie Merian 1639 in seinem Theatrum berichtet, nicht nur dem benachbarten Wassertrüdingen genauso übel mitgespielt, wie wir es von Oettingen gehört haben. Die Räuber haben auch noch in den Rieser Gemeinden Wörnitz-Ostheim, Bühl, Deiningen, Fessenheim, Pfäfflingen und Wemding große Beute und das ganze Vieh mitgehen lassen, so daß die Zahlen, die Merian angibt, wohl zutreffen dürften: »Werth hat sich mit List in Oettingen paktiert, welches er hernach neben Wassertrüdingen ausgeplündert und allein an Pferd und Rindvieh in 2000 Stück, auch 300 Säcke Mehl und in 300 Personen mit- und gefangengenommen und sich wiederum gegen Ingolstadt gewendet.«

Aus dem Hergang des Überfalls und aus der eigenen Aussage Johann von Werths, geht auch hervor, daß Graf Ludwig Eberhard von Oettingen sicherlich wohl beraten war, als er sich und die Seinen gerade noch rechtzeitig in Nördlingen in Sicherheit brachte, das so stark befestigt war, daß die Reitertruppe Johann von Werths ihm nichts anhaben konnte.

Der Graf starb schon am 24. Juni 1634 in Heidenheim/Brenz auf dem Weg nach Ulm. Wie gefährlich auch sein Sohn Joachim Ernst damals die Lage einschätzte, geht daraus hervor, daß er sich nach dem Überfall auf Oettingen nicht sogleich dorthin zurückbegab, sondern »wegen höchster Kriegsgefahr« nach der Schlacht bei Nördlingen nach Ulm zog, wo er bei seinem Schwager, dem schwäbischen General von Hofkirch, Schutz und Unterkunft fand. Er kehrte erst 1636 in seine Residenz zurück. Nach dem Ende des Krieges soll er, wie berichtet wird, mit Eifer, Tatkraft und Erfolg bemüht gewesen sein, die durch den Krieg auch seinem Lande geschlagenen Wunden zu heilen, die versprengten Untertanen zu sammeln und sie in ihr verödetes Land zurückzuführen. Nach seinem Tode (1659) setzte sein Nachfolger, Graf Albrecht Ernst I. (1660–1683) das so erfolgreich begonnene Aufbauwerk fort und verhalf seinen Untertanen und Bürgern wieder zu einem bescheidenen Wohlstand.

Es waren vielerlei Gründe, die dazu führten, daß die Oettinger Bürger sich nicht eines Lohnes für ihre zuletzt überaus opferreichen Verteidigungsanstrengungen erfreuen durften. Aus mangelnder Erfahrung hatte man versäumt, alle vor der Stadtbefestigung stehenden Bauten zu beseitigen, weil sie Angreifern Deckung und Unterschlupf für gefährliche Angriffe auf die Verteidiger ermöglichten. Im benachbarten Nördlingen war deren Beseitigung eine der ersten Maßnahmen der schwedischen Besatzung gewesen. Als empfindliche Schwachstellen in der Stadtbefestigung erwiesen sich sodann die Einlaßbrücklein und Einlaßtürchen, die über den nassen äußeren Graben und durch die äußeren Tore führten. Der Feind brauchte sie nur einzuhauen, um die anderen schwerer zu überwindenden Hindernisse: Schlagbrücken, Fallgatter und Tordurchfahrten einfach zu umgehen. Es war drittens ein besonderes Verhängnis, daß der Stadtkommandant Kilian Stark schon beim ersten Kugelwechsel außer Gefecht gesetzt wurde, so daß im weiteren Verlauf den wenig kampferfahrenen Männern der Bürgerwehr und des »Ausschusses« der führende Kopf fehlte, der allein die Verteidigungsmaßnahmen von zentraler Stelle aus hätte leiten können.

Schließlich erwies es sich auch als eine besondere Belastung, daß Graf Ludwig Eberhard aus Alters- und Krankheitsgründen nicht selbst die Akkord-Verhandlungen führen konnte. Er allein hätte durch entsprechende Zugeständnisse aus seiner Machtvollkommenheit heraus, gegen eine entsprechende Ablösung, wohl eine Plünderung von der Stadt und ihrer Bevölkerung abwenden können. Sein Kanzler hatte keinerlei Vollmacht und auch keine Verbindung zu ihm. Deshalb hatte Johann von Werth leichtes Spiel, seine schlechten Absichten durchzusetzen. Es war, von hier aus gesehen, auch ein besonderes Verhängnis, daß es die Oettinger nicht mit einem ritterlichen Gegner zu tun hatten, wie ihre Nachbarn in Rothenburg, Dinkelsbühl und Donauwörth, sondern mit einem wortbrüchigen, zu jeder Schandtat bereiten, für diesen Krieg typischen Menschen, der des Ranges eines Generals nicht würdig war und sich nicht scheute, seine Unterschrift unter einen Akkord zu setzen, von dem er genau wußte, daß er ihn, wenn die Oettinger entwaffnet waren, sofort brechen und Brand und Zerstörung, Mord und Totschlag unter eine unschuldige Bevölkerung bringen würde. Mit der Versicherung des Reitergenerals, daß er in Oettingen lediglich um Bereitstellung einiger Magazine bat und die Belassung einiger Dragoner zu deren Bewachung, ließen sich die gutgläubigen Bürger entwaffnen und übertölpeln und öffneten dem Verhängnis ihre Tore. Es nahm sodann in der unglücklichen Stadt ungestört seinen Lauf. Dabei standen die Angreifer im Zeitpunkt der Verhandlungen alle noch außerhalb des inneren Verteidigungsrings mit dem nassen inneren Graben und den Barbakanen vor den drei inneren Toren, die kampflos übergeben wurden. Die Stadt fiel nicht nach Kämpfen in die Hand der Belagerer, sondern als Opfer eines betrügerischen Vertragsabschlusses, und der dem Vertragsbruch folgenden Entwaffnung schloß sich die Plünderung und Brandschatzung der wehrlosen Bürger an. Nur das von deutschen Reitern verteidigte Untere Schloß blieb von größeren Beschädigungen verschont.

Schaller[74] und Wörlein[75] berichten von einem zweiten, noch schlimmeren Überfall kaiserlicher Truppen auf die Stadt Oettingen vom 4. August 1634, also kurz vor der Nördlinger Schlacht. Die Soldaten seien mit großer Macht in Oettingen eingefallen und hätten fünf ganze Tage und Nächte nicht allein die ganze Stadt, sondern auch das Schloß, das Deutsche Haus und die Münz ganz ausgeplündert, alles, was versperrt war, aufgeschlagen, zerhauen, verderbt und keinen Menschen verschont. »Insbesondere seien neun Personen, darunter Bürgermeister Hans Heinrichen, der Kanzler Levinus und mit ihnen sieben weitere Bürger jämmerlich umgebracht, erschlagen und mit Wassergießen ersäuft worden. »In der Stadt Oettingen sind unter dieser Bedrängnis auf evangelischer Seite im Jahre 1634 bei 483 Personen an Pest und Hunger gestorben und auf der katholischen Seite wohl auch nicht weniger. Was auf den Dörfern draußen nicht an Hunger starb, ist aus dem Lande gezogen.« Damals ist auch der gräfliche Armbruster Heinrich Schmitzer ums Leben gekommen, wovon eine Grabtafel an der Nordwand der Jakobskirche vom 12. des Brachmonats 1634 kündet. Nach Wörlein sollen in den Jahren 1632 bis 1635 einer 1632/3 wiederum grassierenden Pest und den Kampfhandlungen von 1634 nach dem evangelischen Pfarrbuch 939 Bewohner zum Opfer gefallen sein.

Am 4. August 1645 trafen die nun kriegführenden Parteien, Bayern und Österreicher (unter ihnen Johann von Werth) auf der einen und Franzosen und Hessen auf der anderen Seite, wiederum im Ries bei Alerheim zu einer blutigen Schlacht aufeinander, in welcher die bayerischen Truppen anfängliche Vorteile durch den Tod ihres Heerführers General Mercy und die Unbesonnenheit Jean de Werths nicht behaupten konnten. Werth hatte fliehende Gegner zu weit verfolgt, so daß er im entscheidenden Augenblick auf dem Schlachtfeld fehlte, als er den Seinen hätte helfen sollen. Die Bayern zogen sich noch in der Nacht in Richtung ihres Stammlandes zurück.

Am 15. März 1648 schließlich wurde die Stadt Oettingen noch einmal in Furcht und Schrecken versetzt, als sich bayerische Truppen vor ihren Mauern mit Franzosen Treffen lieferten. Es fällt auf, daß das vom schwedischen Kanzler Oxenstierna in Oettingen 1632 zurückgelassene Detachement von 48 Soldaten nirgends erwähnt wird. Die Überfälle des Jean de Werth vom 5. (15.) Juni 1634 und der zweite, noch schwerere Überfall vom 4. August 1634 mit ihren für die Bürgerschaft so schrecklichen Erlebnissen, den Verlusten an Menschenleben, Gesundheit, Geld und Gut mußten auf die Bevölkerung lange Zeit wie eine Lähmung wirken, da sie noch nie so etwas erlebt hatte und nicht sicher war, ob sich ein solcher Überfall nicht bald wiederholen würde.

Letzte Neubaumaßnahmen an der Oettinger Stadtbefestigung

Die auf die Plünderung von 1634 folgende Verarmung spiegelt sich auch in der Drittelbaurechnung wider in der Form, daß man anstelle der mehr als 800 Gulden von 1633 in den nächsten elf Jahren von 1634 bis 1645 auf durchschnittlich etwa 80 Gulden zurückging, die lediglich für die Erledigung der allernotwendigsten Baumaßnahmen reichen konnten.

Wenn große Armeen sich im Dreißigjährigen Krieg durch die Lande bewegten, zogen mit ihnen auch Scharen von Plünderern, die sich am Unglück der einen bereichern und an der Beute des Siegers beteiligen wollten. Das wußte man jetzt auch in Oettingen, und man besann sich auf die beiden Lücken im Ring der Stadtbefestigung, die man vor dem Werthschen Überfall nicht mehr hatte schließen können: Einmal in der großen, wenig besiedelten, vom Augraben begrenzten Fläche im Südosten der Stadtbefestigung, zum zweiten entlang der ganzen Westflanke der Stadtmauer, die bisher nur von der doppelten Wasserbarriere des Stadt- und des Holzgrabens geschützt war, allerdings auch von den Leuten Jean de Werths nicht aufs Korn genommen worden war. Im ersteren Falle, dem ausgedehnten südöstlichen Bereich zwischen Entengraben und Augraben, wo die gräflichen Herrschaften zeitweilig, wie oben dargestellt, Stallhäuser, eine Rennbahn und Schießhäuser mit einem Kugelplatz betrieben hatten, und wo auch das Aurach-Gut stand (in den Akten stets »die Auracherin« genannt), da wurden nun unweit der Auracherin und »bei der Kantengießerin Garten« zwei mit Wasen gedeckte Erdbollwerke errichtet, Brustwehren, die mit Palisaden bewehrt und durch einen Palisadenzaun mit dem Königstor verbunden wurden, wo der Palisadenzaun ein zweiflügeliges Gattertor erhielt[76]. War so die südöstliche Lücke 1645/6 geschlossen, dann gedachte man 1646/7, die lange Westflanke der Stadtmauer am besten damit zu verstärken, daß man an ihrem südlichen Ende, hinter dem unteren neuen Bad, unweit des Königstors, ferner wohl in ihrer Mitte »bei der Goldschmiedin Haus«[77] und schließlich am nördlichen Ende beim herrschaftlichen Zeughaus dem Wehrgang ein Mauerhaus aufsetzte, wie es bereits beim Oberen Tor und auch beim inneren Mittleren Tor bestand. Es bot sowohl zu Beobachtungszwecken, wie zur Bekämpfung von Angreifern mehr Möglichkeiten als der Wehrgang sie hatte. Man gab diesen Aufbauten aber nicht mehr den Namen Mauerhaus, sondern nannte sie Blockhaus[78], und weil man dem nördlichen Blockhaus eine Stange mit Fahne und versilbertem Kupferknopf aufgesetzt hatte, hieß es, solange es bestand, das »Türmlein« (»Türmle«) beim Zeughaus[79]. Zum Blockhaus beim inneren Unteren Tor führte auch eine Stiege[80].

Es waren dies die letzten neuen Maßnahmen im Wehrbau und Wasserbau der Stadt und im Programm des »Gemeingebäus«, wie der Stadtdrittelbau anfangs auch genannt wurde, noch im Dreißigjährigen Krieg begonnen und mit ihm abgeschlossen. Das Gesamtwerk präsentiert sich als ein wohldurchdachtes System von Straßensperren, doppelten Wassergräben, äußeren Torhäusern an den Straßenübergängen, palisadengespickten Wällen und Dämmen am Außenrand der Wassergräben, und einer inneren Abwehrlinie, die aus Stadtmauer und Wehrgang mit drei vielfach bewehrten Haupttoren und dem Schnitzerturm bestand. Ein Gemeinschaftswerk, an dem die beiden Herrschaften und das Stadtregiment jahrhundertelang mit großem Eifer und mit Verantwortungsbewußtsein einträchtig zusammengewirkt hatten. Von nun an beschränkte man sich auf die Aufrechterhaltung des Status quo und auf den notwendigen Unterhalt der einzelnen Objekte des im 15. Jahrhundert eingeführten Drittelbaus.

Ein nachstehend wiedergegebener, mit allen in den Drittelbaurechnungen genannten Wehranlagen im Nordbereich der Stadtbefestigung erstellter Gesamtplan vermittelt einen Eindruck von den zahlreichen, dort errichteten, aufeinander abgestimmten defensorischen Einrichtungen. Ein fein ausgeklügeltes System von vier abgestuften, jeweils ca. 1,20 m hohen »Schwebrinnen« (Kleinwehren) sorgte für die erforderliche Absenkung des Wasserspiegels und die Regulierung des Niveaus des Holzgrabens und des inneren Stadtgrabens auf das Niveau des inneren und äußeren Schnitzerturmgrabens. Die vier Wehre waren jeweils gesichert von vier Wachhäusern, die untereinander mit Schutzmauern verbunden waren.

Situationsplan der Befestigungen beim inneren und äußeren Oberen Tor

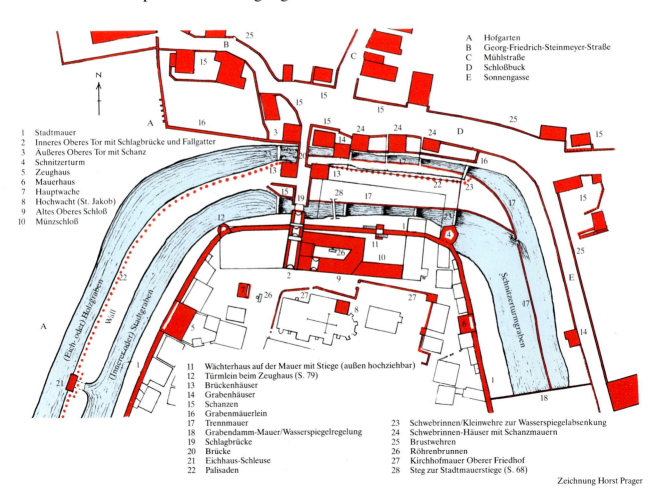

Zeichnung Horst Prager

Einbeziehung des Steinerbachs in die Oettinger Stadtbefestigung

Aus den westlichen Wäldern fließt neben dem Grimmgraben auch noch der lebhaft sprudelnde Steinerbach zur Stadt Oettingen. Von ihm ist in den Stadtdrittelbau-Rechnungen erstmals im Jahre 1647[78] die Rede, als »ein neues Geländer für den langen Steg vor dem Unteren Tor über den unteren Grimmgraben, auf den Steinerbach gehend, gemacht und der dortige Schranken ausgebessert wurde.« Einige Zeit zuvor war wohl in die Wehranlagen vor dem äußeren Unteren Tor auch der Steinerbach einbezogen worden, was auch noch aus dem hierzu herangezogenen Plan des Oettinger Urkatasters von 1822 bestätigt wird. Wir ersehen aus diesem, daß in diesem Bereich der Steinerbach zu einer Erweiterung benützt wurde, derart, daß vor dem äußeren Unteren Tor eine langgestreckte Gelände-Mulde als »Gäulwette« angelegt wurde, die in Gefahrenzeiten mit Wasser aus dem Steinerbach vollgefüllt und für Angreifer unpassierbar gemacht werden konnte. Daß man damals ernsthaft die Einbeziehung des wasserreichen Steinerbachs in die äußere Stadtverteidigung beschlossen hatte, beweist die Tatsache, daß man auch dort bereits »einen Schranken« errichtet hatte. Im einzelnen sind der Zeichnung auf S. 82 noch weitere Informationen zu entnehmen.

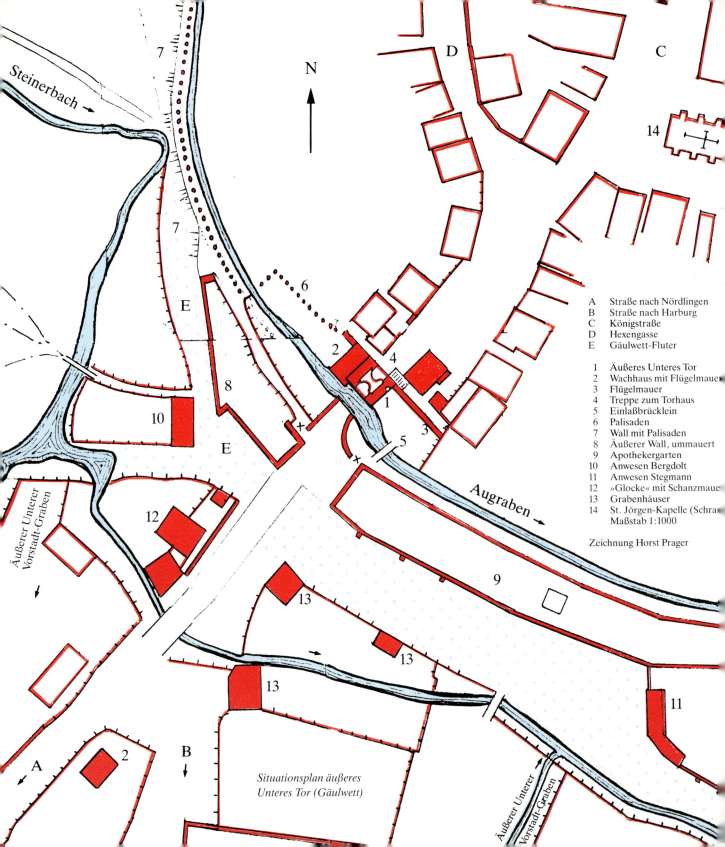

Situationsplan äußeres Unteres Tor (Gäulwett)

Der Drittelbau nach dem Dreißigjährigen Krieg

Der Drittelbau wurde auch beibehalten und weitergeführt, als im Jahre 1731 einer der Partner, die Linie Oettingen-Oettingen mit Fürst Albrecht Ernst II., ausstarb und die Linie Oettingen-Spielberg deren Anteil übernahm. In einem sorgfältig ausgearbeiteten »Teilungslibell« wurde in den Jahren 1741/4 auch der Zeitwert der einzelnen Objekte taxiert und für die Stadtbefestigung nach Abzug der dem fürstlichen Haus anzurechnenden Partien als Wert der einzelnen Wehrbauten angesetzt für das Königstor 1572 fl, das äußere Untere Tor 200 fl, die Obere Tordurchfahrt 32 fl, das äußere Obere Tor 35 fl, das massive steinerne Brücklein außerhalb des Gattertors beim Oberen Torhäuslein 80 fl, ein Stück Mauer an seiner linken Seite mit Eich und Abfall 7 fl, und das innere Mittlere Tor 325 fl, das äußere Mittlere Tor 305 fl, das Wachthäuslein beim äußeren Mittleren Tor 65 fl, das Wachthäuslein beim äußeren Unteren Tor 50 fl, die Hohe Wacht 35 fl und die Stadtmauer excl. Herrschaftsanteil 12.399 fl. Auch nach dem 30jährigen Krieg gab man im Drittelbau ganz erhebliche Summen aus[82], so 1664/5 für den Holzgraben 343 fl, 1672 für die innere Mittlere und äußere Untere Schlagbrücke 861 fl, 1738 für eine neue Kuppel des Königsturms 100 fl, 1767 für die Instandsetzung der Torhäuser 49 bzw. 39 Gulden, 1785 für die Instandsetzung der Wörnitzbrücke 429 Gulden und 1788 für Instandsetzungen an der Stadtmauer 241 Gulden. Man dachte auch immer noch daran, daß man von dieser Mauer aus »die Ankommenden rechtzeitig beobachten und die Mauer im Falle von Bedarf desto leichter defendieren könne«, wobei 1673 gefordert wurde, die »Hölzer im Park beim Holzgraben .. so zu lichten«, daß man von der Mauer einen freien Ausblick hatte[83], »weil eine Parthey, ohne daß solche gesehen werden konnte«, sich der Stadt nähern und Gefahr verursachen könnte.« Wie diese sauber geführten Rechnungsbücher des Drittelbaus beweisen, dachte niemand daran, mit dieser jahrhundertelang geübten Tradition zu brechen. Es wird neuerdings, auch von Historikern (Bosl) die Meinung vertreten, daß das Mittelalter in unserem Lande auf zahlreichen Gebieten bis zum Ende des Alten Reiches und zum Beginn des 19. Jahrhunderts gedauert habe. Dies gilt sicher von den ständischen Unterschieden in den Städten, von Zünften und Gilden in Handwerk und Handel, von lange geübten, überholten Privilegien, vom Unterschied zwischen Stadt und Land. Dies gilt auch von den mittelalterlichen Stadtbefestigungen, die in allen Städten, die solche besaßen, beibehalten, gepflegt, gehegt und geliebt wurden, obwohl sie ihren fortifikatorischen Wert längst verloren hatten. Man hatte sich an sie gewöhnt, sie gaben jeder Stadt ein besonderes Gepräge, und man fühlte sich in ihrem Schutz siche-

Gulden Fürst Albrecht Ernsts I. aus dem Jahre 1674

Eine der drei später wieder vermauerten Durchfahrten durch die Stadtmauer im Westen.

rer, zumal ja die Tore allabendlich pünktlich geschlossen wurden, womit auch die besondere Rechtsstellung der Stadt dokumentiert wurde.

Nur selten dachte man auch später daran, an die Stadtmauer Hand anzulegen, wie es um 1740 nach einem Bericht Wörleins, das fürstliche Haus unternahm, das in die westliche Stadtmauer vorübergehend drei Toröffnungen brechen ließ, um seinen Fahrzeugen einen direkten Zugang zum jenseits der Mauer gelegenen »fürstlichen Hof« und zum Dammgarten zu ermöglichen. Sie wurden später wieder zugemauert, unterscheiden sich aber deutlich vom Quadermauerwerk der stauferzeitlichen Stadtmauer.

Erst mit der Beseitigung der mittelalterlichen Privilegien und Einrichtungen in Gesellschaft, Handwerk und Handel und mit Verleihung eines allgemeinen, gleichen Bürgerrechts in Stadt und Land, mit dem Aufkommen und Vordringen der Maschine und dem starken Anwachsen der Bevölkerung im ganzen Lande begann ein Sinneswandel, und man hielt manches nicht mehr für sakrosankt, was lange als solches gegolten hatte. Dies trifft auch für die mittelalterlichen Befestigungsanlagen in den Städten zu.

Der Neubau des Oberen Schlosses (1679–83)

Seine Auswirkungen auf die Stadtbefestigung

Das zwischen 1779 und 1783 errichtete Neue Schloß steht am Nordende der Schloßstraße, die unter dem Ostteil des Schlosses hindurchgeführt wird. Diese Durchfahrt ist zugleich Teil des Oberen Tores und durch den Überbau auch Teil des Schlosses. Da das Obere Tor nicht ganz in der gleichen Frontlinie stand, wie der Neubau, mußte bei der Einbeziehung des Oberen Tores in die große Schloßfassade an der Nahtstelle ein leichter, kaum merklicher Knick in Kauf genommen werden.

Vom Oberen Tor ist berichtet worden, daß ihm im frühen 16. Jahrhundert auf der mittleren und auf der stadtseitigen Durchfahrt mit fünf Stockwerken der sog. »Hohe Bau ob dem Tor« aufgesetzt und die-

Luftbild mit St. Jakob und dem neuen Schloß mit Salettlbau.
Im Vordergrund das alte Schloß mit Prinzessinnenbau und das offene Viereck der Remisenanlage aus der 1. Hälfte des 19. Jahrhunderts.
(Reg. Obb. Luftamt Süd GS 300/8406)

ser wiederum in das Neue Schloß einverbaut wurde, samt dem später auf Vorwerk und Barbakane aufgesetzten »Salettlbau«, der sich auf dem Luftbild, an der Nordostecke, mit vier Fensterachsen vorspringend, deutlich vom Hauptbau abhebt (S. 61).

In der gleichen Zeit wurde damals beim Schloßbau auch an die Stadtmauer Hand angelegt. Der auf dem Baugrundstück des neuen Schlosses verlaufende Teil der nördlichen Stadtmauer wurde 1679 nicht abgerissen, sondern in den Neubau einbezogen und als Nordwand des Erdgeschosses verwendet. Hier wurde die Schloßküche untergebracht. Bei Instandsetzungsarbeiten im Erdgeschoß kam 1976/79 ein sich vom übrigen Mauerwerk deutlich abhebendes, sich über sieben bis acht Fensterachsen erstreckendes Stück der Stadtmauer zum Vorschein[81]. Auch die Stelle, an der die Stadtmauer im Westen an den Schloßneubau stieß, war lange durch besonders große Steine kenntlich, die sich vom späteren Mauerwerk abhoben. Die Stadtmauer war im Westen vom fürstlichen Registraturgebäude in stumpfem Winkel auf das Schloß zugelaufen und blieb zwischen beiden Gebäuden auch bis zum Jahre 1815 erhalten[82]. Der Mauerring blieb also geschlossen. Auch jenseits der Tordurchfahrt nahm die Stadtmauer in östlicher Richtung ihren Fortgang. Hier verlief sie unter dem 1718 errichteten Marstallbau ununterbrochen weiter. Der Anstoß an dessen Ostfront war noch 1785 vorhanden.

Ansicht der Stadt aus der Zeit um 1776

In den fürstl. Sammlungen auf der Harburg wird eine Ansicht der Stadt Oettingen aufbewahrt, die im Jahre 1776 von G. S. C. Faber gefertigt wurde. Auf Seite 19 ist sie bereits ausschnittsweise im größten Format wiedergegeben. Als Gesamtdarstellung vermittelt sie den Baubestand der zweiten Hälfte des 18. Jahrhunderts, der auf dem Urkatasterplan von 1826 noch gut nachvollzogen werden kann. Die Ansicht zeigt auch das stark überhöhte, dem Neuen Schloß ursprünglich aufgesetzte, gewaltige Walmdach, das wegen seiner Höhe auf Dauer durch Stürme in seinem Bestand gefährdet war. Es wurde im 19. Jahrhundert durch das heutige flachere Schieferdach ersetzt. Damit erreichte man zugleich eine Sicherung der Stuckdecken und ihrer Gemälde.

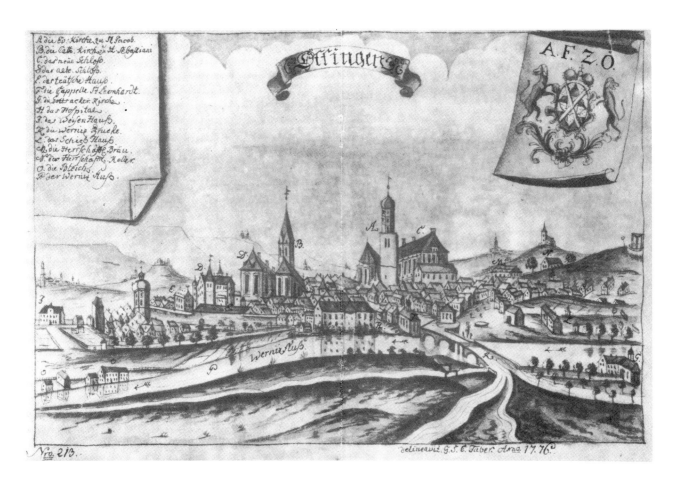

Das 19. Jahrhundert

Abbrüche an der Stadtbefestigung und im Drittelbau im 19. Jahrhundert
Hauptwache und dahinter gelegener Teil der Stadtmauer – Verkauf und Abbruch des inneren Mittleren Tores
Teilweiser Abbruch der Stadtmauer und Verkauf einzelner an dieser gelegener Grundstücke

Auch in Oettingen konnte man sich nicht dem Einfluß der Umwälzungen entziehen, die im Gefolge der Französischen Revolution die politischen und gesellschaftlichen Verhältnisse auch in Deutschland veränderten. Als deren Vollstrecker hat Napoleon am meisten dazu beigetragen, daß sich die deutsche Landkarte von Grund aus und auf Dauer veränderte, wenn vieles auch nur in gemilderter, ja vielfach gebremster Form verwirklicht und akzeptiert wurde. Das alte Reich war 1806 zusammengebrochen und mit der Mediatisierung waren in vielen Jahrhunderten gewachsene Herrschaften mit einem Federstrich beendet worden und in größeren neuen Staatsgebilden aufgegangen. Den früheren Regenten blieb nur noch ein Abglanz des früheren Ranges überlassen. Wie stark ein geschichtsnegierender, aufklärerischer Geist im ersten Jahrzehnt des 19. Jahrhunderts damals auch in deutschen Landen lebendig war, kann man heute noch verfolgen, wenn man betrachtet, wie die sog. Säkularisation kirchlicher und klösterlicher Herrschaften und Besitztümer damals durchgeführt wurde, und wieviele wertvolle Kulturgüter dabei für immer verlorengingen, bevor der Pendelschwung in eine andere Richtung ging und im Königreich Bayern, dem nunmehr auch die Oettingischen Fürstentümer angehörten, vor allem seit der Regierung Ludwigs I. eine Rückbesinnung auf die Bedeutung der Geschichte und der Wichtigkeit der Erhaltung geschichtlicher Baudenkmäler herbeigeführt wurde.

In einer so ausgeprägten Residenzstadt wie Oettingen, dauerte es verständlicherweise längere Zeit, bis man sich der Folgen des Übergangs von der Landes- zur Standesherrschaft bewußt wurde.

Offenbar hatte man sich auch in Oettingen unter dem neuen Zeitgeist zunächst berechtigt geglaubt, an die ehrwürdigen Baudenkmäler der Stadtbefestigung, Zeugen einer von Herrschaft und Bürgerschaft erbrachten Gemeinschaftsleistung, nun Hand anzulegen, die Bauwerke zu vermarkten und dem Abbruch preiszugeben.

Zunächst waren offenbar alle Beteiligten von einem Gefühl der Befreiung erfüllt, darüber, daß man sich einer lange getragenen Bürde nun entledigen und auf diese Weise auch eine neue Art Freiheit erringen könne, und wenn es nur frische Luft war, die man zu gewinnen glaubte. Dem trug der Oettinger Magistrat zunächst symbolisch in der Weise Rechnung, daß man die Stadttore auch nachts offenstehen ließ und 1813 auch die Torflügel »aushob«.[86]

Abbrüche begann man in Oettingen mit einem an sich wenig bedeutenden Bauwerk: der vor dem Oberen Schloß stehenden Hauptwache.

Wie wir dem Tagebuch der Prinzessin Johanna entnehmen können[87], wurde diese Hauptwache am 4. März 1807 abgebrochen. Schlimmer war jedoch schon, daß man im gleichen Zuge auch das Stück der Stadtmauer niederlegte, das bisher das ehemalige Archivgebäude mit dem Westflügel des Schlosses verbunden hatte. Durch den Abbruch beider wurde vor dem Schloß zwar ein freier Platz und nach Westen ein freier Zugang zum Schloßpark gewonnen, aber es wurde damit auch in den Ring der Stadtmauer eine erste Bresche geschlagen.

Die Hauptwache von 1573, zu Füßen des Jakobsturms und vor dem Oberen Tor und (später) dem neuen Schloß gelegen, war Treffpunkt und Wärmestube der Tag- und Nachtwächter.

Prinzessin Johanna war, ganz im Geiste dieser Tage, von diesem Abbruch freilich recht angetan. »Am 18. März konnten wir über die abgebrochene Mauer in den Holzgraben gehen und die Allee, die gepflanzt ist, durchgehen. Es wird recht hübsch und angenehm«, schrieb sie in ihr Tagebuch. Damit hatte sie sicherlich recht. Der Abbruch der wenig ansehnlichen Hauptwache war wohl kein Verlust, aber daß man so bedenkenlos an die bisher fast als sakrosankt angesehene, ehrwürdige Stadtmauer hatte Hand anlegen können, konnte Folgen haben. Man hatte bei dem Abbruch der Hauptwache auch nicht bedacht, daß diese »von jeher beliebter und notwendiger Sammelpunkt« der vier innerstädtischen Nachtwächter und ihres Kollegen aus der Vorstadt gewesen war, wo sie sich nach Absolvierung ihrer stündlichen Rundgänge[84], besonders in Winterszeiten hatten aufhalten und wärmen konnten. Die Nachtwächter waren in Oettingen eine offenbar sehr beliebte Institution, denn sie wurden bis 1882 beibehalten; sie baten deshalb bei der Domänenkanzlei um Zuweisung einer neuen Bleibe, wobei Seine Durchlaucht, Fürst Aloys III., einer Unterbringung beim Oberen Tor nicht zustimmte, jedoch die hierfür vorgeschlagene Wachstube beim Mittleren Tor guthieß. Zu deren Beheizung wurden auch noch für jeden Winter zwei Klafter Holz genehmigt, was der Fürstliche Kanzler Johann Baptist von Ruoesch durch persönliches Placet bestätigte.

Das innere Mittlere Tor war, wie oben ausgeführt wurde, eines der herausragenden Baudenkmäler in der Oettinger Stadtbefestigung. Es ist die Errichtung eines mittleren Torturms im Jahre 1511 behandelt worden. Ein glücklicher Zufall hat uns, wie ebenfalls bereits dargelegt wurde, in die Lage versetzt, ein Aquarell von diesem Torturm und seiner Umgebung vorzustellen, auf dem dieses Tor als ein sehr bemerkenswertes Bauwerk der Oettinger Stadtbefestigung erscheint. Wir wissen auch, daß

Westecke des neuen Schlosses mit Stadtmauerpartie und Hauptwache, die beide im Jahre 1807 abgebrochen wurden.

es mit allen seinen zusätzlichen Anlagen immer wieder instandgesetzt und instandgehalten wurde. Nachdem der Bann, der solche Bauten lange Zeit gleichsam als unverletzlich hatte erscheinen lassen, nun offenbar gebrochen war, faßten sich im Jahre 1815 drei Oettinger Bürger, deren Häuser dem inneren Mittleren Tor unmittelbar benachbart waren, nämlich die Handelmännin Klotz, der Gastwirt Engelbert Kränzle und der Bäcker (»Höllbäck«) Besel, ein Herz und stellten den Antrag, das innere Mittlere Tor gegen eine Kaufsumme von 300 fl. auf Abbruch zu erwerben, »damit sie in ihren Häusern mehr Aussicht und mehr Luft erhielten.« Der Bescheid, der darauf erteilt wurde, ging auf das grundsätzliche Problem, ob ein solches Bauwerk überhaupt angetastet werden dürfe, schon gar nicht mehr ein, sondern man knüpfte in Verkennung der eigenen Zuständigkeit an die Zustimmung nur die folgenden zwei Forderungen:
1. Darf der Abbruch des Turmes der Ansicht der Stadt keinen Nachteil zufügen[85].
2. Muß der reale Wert desselben hinreichend gesichert sein.«

Bei einer Besprechung mit den Kaufwilligen wurde eine erzielte Übereinstimmung, wie folgt, protokollarisch festgelegt: »Wenn also der Abbruch des Turmes gnädigst genehmigt wurde, so dürfte nichts weiter zu berücksichtigen sein, als daß den beiden auf dem Turm wohnenden Familien des Torwarts Wüssinger und des Nachtwächters Sohnle ein Termin von vier Wochen zu ihrem Abzug freigelassen werde.« Inzwischen hatte der fürstliche Hofpolier Wörlein in einem Schätzgutachten den Wert des Abbruchmaterials mit 370 Gulden und die abzugsfähigen Abbruchkosten mit 51 Gulden errechnet, was auf eine höhere Kaufsumme, nämlich 319 Gulden, hinauslief. Ein Versuch der Verwaltung, die Kaufsumme auf diesen Betrag zu erhöhen, wurde von den Kaufinteressenten jedoch abgelehnt, und sodann am Jakobitag (25. Juli) des Jahres 1815 das Mittlere Tor um 300 fl an die »Witwe Klotz und Consorten« verkauft. Die Käufer zögerten nicht, den Abbruch sofort durchführen zu lassen.

Sie mußten dann aber zu ihrem Schrecken erleben, daß die beim Verkauf des Abbruchmaterials erzielten Erlöse »nicht in einem einzigen Buchstaben der Taxe der fürstlichen Bauinspektion entsprachen.« Deshalb baten sie am 26. Oktober 1815 Fürst Aloys III. untertänigst, »die Rechnung vorlegen zu dürfen, nach welcher der Materialverkauf ein Defizit von 182 fl und 35 Kreuzern erbracht habe«. Sie fanden aber kein Gehör, und es erging am 22. Januar 1816 der lakonische Bescheid: »Die Käufer des Mittleren Tores sollen mit ihrem Gesuch um Nachlaß abgewiesen und zur Erlegung des ganzen Kaufpreises angewiesen werden.« Der Gutachter der fürstlichen Baudirektion, Baupolier Wörlein, hatte nicht ohne Ironie und Sarkasmus festgestellt: »Da die Käufer von sich aus 300 fl. angeboten und von sich aus auf die Durchführung einer Versteigerung verzichtet haben, bei der sie das Tor nie um diesen Preis erhalten haben würden, haben sie dadurch, daß sie auf immerwährende Zeiten soviel mehr Licht und andere große Vorteile gewannen, weit mehr erreicht, als der ganze unbedeutende Kaufschilling ausweist.«

Als mit der Niederlegung der Hauptwache im Jahre 1807 auch die Stadtmauerstrecke zwischen dem Neuen Schloß und dem Gelben Stadel ersatzlos abgebrochen wurde, war zu befürchten gewesen, daß sich bald Nachahmer finden würden. Dies ist aber nicht der Fall gewesen. Als dann in den 20er Jahren einige Teilabbrüche an der Stadtmauer beantragt wurden, war man bei den zuständigen Stellen schon sehr viel vorsichtiger geworden. Es dauerte einige Jahre, bis man ein Konzept gefunden hatte, nach welchem eine einheitliche, den Interessen der Stadt und des sich wieder regenden Denkmalschutzes dienende Lösung gefunden wurde. Dabei wurde freilich eines deutlich: Über Jahrhunderte hinweg hatte man in Oettingen immer wieder die Erfahrung gemacht, daß die Stadtmauer, und vor allem ihr Oberbau, der Wehrgang mit seiner auf Holzstützen und -sparren liegenden Bedachung, in regelmäßigen Abständen morsch und erneuerungsbedürftig geworden war, und jedesmal hatte man die für die Wiederinstandsetzung erforderlichen Mittel gemeinsam aufgebracht. In diesen ersten Jahrzehnten des 19. Jahrhunderts aber sahen sich nun weder die fürstliche Herrschaft, noch die Stadt in der Lage, die wiederum instandsetzungsbedürftige Stadtmauer einschließlich ihrer Bedachung wieder völlig herzustellen.

Die Dinge waren schwieriger geworden, und man brauchte Zeit, um Klarheit über die gegenseitigen Zuständigkeiten zwischen fürstlicher Herrschaft und Stadt zu gewinnen. Einigkeit aber hatte man erzielt in der Festlegung, daß man bei Teilabbrüchen an der Mauer von dieser eine durchgehend gleich hohe Grundmauer von 12–15 Fuß (3,60 bis 4,50 m) Höhe stehen lassen müsse mit folgenden »Bestimmungen, Verbindlichkeiten und Bedingnissen«, daß

1. jede Überbauung, die auf dieser Stadtmauerstrecke von einem oder dem anderen der Käufer vorgenommen werden wollte, nur planmäßig und in der Art durchgeführt werden darf, daß dadurch die Sicht auf den Holzgraben auf keine Weise verunstaltet wird, und also z.B. die Errichtung von Abtritten, sowie jedes anderen Übelstandes durchaus niemals stattfinden dürfe, daß

2. diese Mauerstrecken für den Fall, daß sie nicht überbaut werden sollten, niemals ganz abgetragen werden dürfen, sondern immer in einer Höhe von 12–15 Fuß bleiben müssen, um sowohl als Ringmauer für die hinter ihr befindlichen Winkel und Hofraithen zu dienen, als auch daß jede häßliche Ansicht gegen den Holzgraben vermieden bliebe, und daß

3. jedem einzelnen Teilnehmer niemals gestattet werden wird, seinen Mauerteil abzubrechen, wie *er* wünscht, sondern daß der Abbruch immer in gleicher Linie zu geschehen habe und nur soweit herab stattfinden kann, daß, wie bemerkt, eine Mauerhöhe von 12 bis 15 Fuß, nebstdem aber dieselbe (Mauer) regelmäßig eingedeckt und stetsfort ordentlich erhalten werden muß.«[88]

Diese zunächst nur für die westliche Mauerseite getroffene Regelung wurde, wie das heutige Aussehen der Stadtmauer zeigt, auf die übrigen Mauerpartien übertragen und dort auf weite Strecken hin auch eingehalten. Nachdem es den Verantwortlichen damals nicht mehr möglich gewesen war, die gesamte Stadtmauer samt Wehrgang und Bedachung zu erhalten, ist es höchst anerkennenswert, daß wenigstens eine praktikable und zumutbare Lösung gesucht und gefunden und dadurch ein gro-

Abbruchstelle des inneren Mittleren Tores, heute Engstelle mit erhaltenen Fundament- und Mauerresten.

ßer Teil der so schön aus behauenen Kalkquadern gefügten Grundmauer erhalten wurde. Rundum freigelegt und der Öffentlichkeit zugänglich gemacht, würde sie auch heute eine zusätzliche große Bereicherung für das an sich schon so attraktive Bild der Stadt sein.

Seit 1821/2 lagen Gesuche von Bürgern vor, deren Grundstücke in ihrem rückwärtigen Teil an die Stadtmauer grenzten, von der, wenn sie nicht instandgehalten wurde, mit der Zeit kleinere und größere Bauteile in die Grundstücke herunterzufallen drohten. Nachdem nun ein brauchbares Konzept beschlossen worden war, konnten auch diese Gesuche erledigt werden, wobei sich folgende Beteiligten ergaben:

der Metzger Karl Hörner,
der Kaufmann Hirsch Machul Badmann,
der Zeugmacher Sommer,
der Bürger Frohmann für die jüdische Gemeinde,
der Rechtsrat Lipowski,
der Stadtschreiber Benecke und
der k. Advokat Braun.

Ablehnung eines Abbruchantrages für das äußere Mittlere Tor 1827/28[89, 90]

In dem Akt, der den Abbruch des inneren Mittleren Tors im Jahre 1815 zum Gegenstand hat, findet sich ein einzelnes Schreiben vom 3. März 1815, das Fürst Johann Aloys III. an das Stadtgericht, die Polizeibehörde und die fürstliche Bauinspektion gerichtet hatte, mit der Anregung, daß auch der äußere Mittlere Torturm abgebrochen werde, er »verursache den Durchfahrenden manche Unbequemlichkeit« und »habe Anlaß zu manchen Unfugen gegeben«, vor allem aber »sei er für die umgebenden Gebäude sehr feuergefährlich«. Deshalb erteilte er den angeschriebenen Behörden den Auftrag, binnen acht Tagen ein Gutachten vorzulegen, »wie der fragliche Turm mit Rücksicht auf die anstoßenden Gebäude weggeschafft werden könne«.

Ganz gegen die sonstige Übung findet sich in dem Akt zu diesem Schreiben keine weitere Äußerung mehr. Es darf wohl angenommen werden, daß diese Angelegenheit vielleicht gesprächsweise erledigt und daher schriftlich nicht mehr behandelt wurde. Dieser Kelch war 1815 also am äußeren Mittleren Tor vorübergegangen.

Zwölf Jahre später folgte ein neuer Vorstoß gegen das äußere Mittlere Tor, freilich aus einer ganz anderen Richtung. Er ging aus von der Oettinger Postexpedition, in deren Namen das Oberpostamt Ansbach am 2. September 1827 bei der damals zuständigen Regierung des Rezatkreises Antrag stellte auf den »Abbruch« des Oettinger äußeren Mittleren Stadttores, »welches so niedrig ist, daß öfter hochgelegene Wagen steckenbleiben und dadurch die Postage gehemmt wird.« Die Regierung wird gebeten ..., die »Wegschaffung dieses ungeeigneten Tores zu verfügen, wenn die Erweiterung nach oben nicht tunlich ist.« Den letzten Zusatz hatte die Regierung wohlweislich hinzugefügt, in Kenntnis des »Befehls« König Ludwigs I. vom Jahre 1825, daß »bei allen Städten ..., die mit Ringmauern, Türmen, Gräben ... versehen sind, diese Schutzmittel fortbestehen sollen.«[91]

Das äußere Mittlere Tor war zweifellos ein solches Schutzmittel. Bei näherem Zusehen stellte sich heraus, daß in diesem Tor der Zeugmacher Gustav Seckendorf in einer Wohnung lebte, die sein Eigentum war. Als sowohl die Stadt, wie der Drittelbau bei dem Erwerb dieser Wohnung Schwierigkeiten sahen, wurde verfügt, daß die Erweiterung so zu geschehen habe, daß diese Wohnung bei einem Umbau zu erhalten sei. Nach Meinung der Königlichen Zollinspektion Dinkelsbühl vom 14.9.1827 sollte ausgemittelt werden, ob eine Tieferlegung der Straßendurchfahrt dem Übelstand abhelfe. Zum Schluß gelangte man dann offenbar zu der Auffassung, daß eine Höherwölbung der Tordurchfahrt zusätzlich erforderlich sei. Am 18.12.1827 meldete sich auf Anzeige der Postexpedition wiederum die Regierung mit der Rüge, »daß ihrem Befehl hinsichtlich des niedrigen Tores noch nicht Folge geleistet sei.« Sie beauftragte deshalb das Stadt- und Herrschaftsgericht Oettingen, durch Verfügung den Stadtmagistrat anzuweisen, die von der technischen Behörde begutachtete Abtragung und Höherwölbung der beiden Torbögen ohne Verletzung der Seckendorfschen Wohnung sogleich und unverzüglich, sobald es die Witterung gestattet, bei persönlicher Verantwortung des Magistrats vornehmen zu lassen. Der Magistrat säumte nicht, auf diesen Wink hin, am 20.1.1828 zu erklären, »daß mit Eintritt der Bauzeit die Erweiterung des Mittleren Tores vollzogen werden soll.« Magistrat und Gemeindebevollmächtigte aber wollten nach einer Notiz vom 14.1.1828 die Erweiterung des Tores lediglich durch Tieferlegung des Straßenpflasters vollziehen und die Kosten dafür nur unter Vorbe-

Äußeres Mittleres Tor vom Stadtinnern her.

halt erlegen. Darauf sah sich die Regierung veranlaßt, mit den Oettingern Fraktur zu reden. Sie stellte fest, daß die längst aufgetragene Erweiterung des Mittleren Tores ungeachtet wiederholter Zusagen nicht vollzogen und daß der Magistrat seine Unwillfährigkeit, und das Herrschaftsgericht seinen Mangel an tatkräftigem Betreiben an den Tag gelegt hätten. So wurde dem letzteren unter Bezug auf seine geringe Sorgfalt befohlen, angesichts dieses Verhaltens Exekution gegen den Bürgermeister zu verfügen und sie so lange, bis die Arbeit vollständig im Gange ist, zu belassen. Am 15. Juni 1828 zeigte der k. Bezirksingenieur von Pechmann, Nördlingen, der Regierung dann an, »daß die Erweiterung des nebenbenannten Stadttores unter der Leitung des f. Bauinspektors Wörlein bereits begonnen habe und daß diese durch kräftige Einwirkung des Stadt- und Herrschaftsgerichtes mit Tätigkeit betrieben werde.« Der gleiche Tatbestand wurde am gleichen Tage auch durch das Stadt- und Herrschaftsgericht »gehorsamst« der Regierung berichtet, mit der Meldung, daß »mit dem Abbruch des Torbogens behufs Erweiterung des Tores der Anfang gemacht worden sei und daß der Magistrat und die Gemeindebevollmächtigten dieser wohltätigen Anordnung nicht entgegenzuwirken sich bestrebt haben.« Mit der knappen Notiz »hat zur Kenntnis gedient, ad acta,« wurde der spannungsreiche Fall abgeschlossen. Das Mittlere Tor aber wurde höher gewölbt und mit einer tiefergelegten Durchfahrt auch für die Postage passierbar gemacht. So leichtfertig man das innere Mittlere Tor abgeschrieben hatte, umsomehr Lehrgeld mußte man jetzt bezahlen, als es um die Erhaltung des äußeren Mittleren Tors ging. Es wäre sicherlich auch »weggeschafft« worden, wenn die Postexpedition vor dem denkwürdigen Erhaltungsbefehl König Ludwigs I. von 1825 ihren Antrag eingereicht hätte.

Die Wassergräben der Oettinger Stadtbefestigung im 17., 18. und 19. Jahrhundert

Einem heutigen Betrachter der Stadt Oettingen mag es nicht mehr glaubhaft erscheinen, daß, wie der Chronist Johann Georg Moll[95] 1764 aus eigener Anschauung berichtete, dort »die innere Stadt mit einem tiefen, fließenden Wasser umgeben gewesen sei«. Wir haben dazu jedoch nicht nur diese eine Aussage, sondern daneben zahlreiche weitere Zeugnisse in den Drittelbaurechnungen, in denen von Grabenpartien, die heute längst aufgefüllt und verschwunden sind, von Arbeiten an der damals noch durchgehenden Wasserführung berichtet wird, so z.B. von dem durch den Münzgarten führenden bewässerten Graben, der ausgeräumt (»ausgeschlagen«)[96] wurde (1645), ferner, daß man im Winter aus allen Gräben Eis für die sommerliche Kühlung des Bieres gewann oder daß man am Oberen und am Mittleren Tor um 1633 herum über den an den Toren vorbeifließenden nassen Graben noch Schlagbrücken errichtete. Auch das Aquarell[97] vom Bereich um das Mittlere Tor und der Plan von den südlich des Mittleren Tores gelegenen Schießstätten in der Aurach und ein weiterer Plan von der im Westen vom inneren Stadt-[98] und äußeren Holzgraben gebildeten doppelten Wasserbarriere entlang der ganzen westlichen Mauer und um die Westecke des Neuen Schlosses herum bestätigen die Richtigkeit der Mollschen Aussage. Aus den Drittelbaurechnungen wird freilich auch ersichtlich, daß die Instandhaltung der bewässerten Gräben immer eine Last war, und daß einmal der Zeitpunkt kommen konnte, wo die Unterhaltslasten über die Kräfte der Beteiligten hinausgingen. Zögerte man aber mit den notwendigen Instandsetzungen, so konnte man beobachten, daß die Uferränder nur eine begrenzte Zeit hielten, bis sie der sie unterhöhlenden Wirkung des fließenden Wassers nachgaben. Unterließ man die rechtzeitige Grabenreinigung und -instandsetzung, dann begannen die Gräben rasch zu versumpfen, Binsen fanden willkommene Gelegenheiten, sich auszubreiten und gaben den Gräben bald ein unansehnliches Aussehen.

Als nach der Gründung des Königreichs Bayern das Oettinger Fürstenhaus seine Landesherrschaft aufgeben mußte, wurde auch der von ihm zu zwei Dritteln getragenen Drittelbaurechnung die finanzielle Grundlage entzogen. Wie man den Mut fand, Hand an die Stadtbefestigung zu legen, so fand man erst recht den Mut, die zu einer Last gewordenen Wassergräben aufzufüllen und einer wirtschaftlichen Nutzung zuzuführen. Zuletzt wurde auch der den Schloßpark zierende und belebende, stets wasserreiche Holzgraben nicht verschont. Der freie Platz hinter der ehemaligen Synagoge und der Kronengarten waren lange Zeit Teile dieses Grabens gewesen. Zuletzt blieb von ihm an seinem südlichen Ende eine Zeitlang nur der sog. »Froschweiher«[99] übrig. Er erhielt sein Wasser aus dem Holzgraben, und sein Abfluß bildete, über den inneren Wall herabstürzend, einen kleinen Wasserfall, der zeitweilig zum Antrieb einer Schleifmühle Verwendung fand, bis auch er infolge mangelnder Pflege versumpfte, verlandete und zuletzt aufgefüllt wurde. Geblieben ist ein ansehnlicher nördlicher Teil des »herrschaftlichen Holzgrabens«, über dessen künftige Behandlung und Nutzung zu gegebener Zeit zwischen fürstlicher Herrschaft und Bürgerschaft, die hier eine Wegegerechtigkeit besaß, eine einvernehmliche Regelung gefunden wurde. Freilich erforderte auch dieser letzte Zeuge des einst umfassenden Oettinger Verteidigungssystems nasser Gräben weiterhin immer wieder kostspielige Reinigungs- und Instandsetzungsarbeiten. Die letzten wurden in den 80er Jahren des 20. Jahrhunderts durchgeführt. Heute noch ist der Holzgraben ein besonderer Anziehungspunkt des Oettinger Schloßparks (Seite 101).

Bauliche Veränderungen

im Bereich der Oberen Schloßbauten und der nördlichen, östlichen und südlichen Graben- und Mauerpartien im 19. Jahrhundert

Am 18. Dezember 1834 war der fürstlichen Herrschaft durch Vertrag mit der Stadt auch die Mauer- und Grabenpartie im Norden, die im Nordosten bis zum Holzgarten reichte, zugefallen. Solange hier östlich des neuen Schlosses noch die Stadtmauer verlief, mußte man sich im Münzschloß, zwischen Stadtmauer und Jakobskirche eingezwängt, mit sehr beengten räumlichen Verhältnissen abfinden. Als sich in den Verhandlungen mit der Stadt eine für die fürstliche Verwaltung günstige Lösung abzeichnete, zögerte diese nicht lange, dort Veränderungen vorzunehmen und diesen Bereich zu bereinigen. Nachdem ein Teil der nördlichen Stadtmauer bereits 1679 als Nordwand des Erdgeschosses dem neuen Schloß einverbaut und 1815 das Zwischenstück der Stadtmauer zwischen Gelbem Stadel und Schloß abgebrochen worden war, mußte nun, 1833, auch die östliche Fortsetzung der nördlichen Stadtmauer[92] fallen und einem neu zu bildenden Schloßhof Platz machen. In der Ostwand des neuen Schlosses zeugen heute noch bis in sechs Meter Höhe reichende Bossen-Anschlußsteine von der hier bis 1833 verlaufenden Stadtmauer. Sie wurde bis zum Schnitzerturm abgebrochen. Im Zuge der gleichen Baumaßnahme wurde auch der im Norden angelegte östliche Teil des nassen Grabens, der wohl schon vorher aufgefüllt worden war, in den neuen Schloßhof eingegliedert und dieser durch im Viereck angelegte Remisen nach außen abgeschlossen. In das südöstliche Ende der Remisen des Schloßhofes wurde auch, wie bereits erwähnt, der runde Unterbau des Schnitzerturms, des einzigen Wehrturms der Oettinger Stadtmauer, einbezogen. Er hatte dem bewässerten und »befischten« Graben, an dem er lag und der nun ebenfalls trockengelegt wurde, eine Zeitlang seinen Namen gegeben.

Dem Beispiel der Herrschaft folgten bald die entlang der östlichen und südlichen Stadtmauer angesiedelten Grabenbesitzer. Nasser und trockener Graben wurden auf eine gleiche Höhe angefüllt und zumeist in Obstgärten verwandelt. Schon früher hatte man wohl den im Stadtinnern nahe der Stadtmauer wohnhaften Hausbesitzern genehmigt, auch im Osten mit ihren Grundstücken bis an die Stadtmauer heranzurücken und den dabei gewonnenen Grund für eigene Zwecke zu erwerben. Dadurch ging die einst wichtige innere Ringgasse verloren, die einmal durchgehend den direkten Zugang zur Stadtmauer ermöglicht hatte. Auch im Osten fanden Abbrüche der Stadtmauer statt, z.B. beim Anwesen Plank/Entengraben und bei Klostergarten/Sonnengasse[94]. Durch alle diese Unternehmungen wurde naturgemäß das Aussehen weiter Bereiche der Stadt stark verändert, ganz besonders bei den Toren, soweit diese überhaupt stehenblieben. Auch das Königstor verlor damals seine Barbakane und mit ihr alle sonstigen äußeren Verteidigungsanlagen. Als einziger Zeuge des einst unter großen finanziellen Opfern angelegten und unterhaltenen Systems bewässerter Gräben aber blieb allein der Holzgraben[93] im Westen erhalten.

Aussehen des Schloßplatzes nach dem Abbruch der Hauptwache und der Stadtmauerpartie zwischen Gelbem Stadel und Neuem Schloß im Jahre 1807

In der linken Reihe, von vorne beginnend: 1. Neues Schloß; 2. Schloßtor; 3. Altes Schloß der Münz; 4. Verbindungsbau zu 5.; 5. Prinzessinnenbau.

Das Ende des Stadt-Drittelbaus in der Stadt Oettingen[101]

Verträge und Verordnungen rechtlicher Art sollten normalerweise in Abhandlungen über baugeschichtliche Themen keinen breiten Raum einnehmen. Wenn aber eine in ihrer Art einzigartige Vereinbarung, die wie der gemeinschaftliche Stadtdrittelbau in Oettingen, über drei Jahrhunderte hinweg die finanzielle Voraussetzung und Grundlage für die Anlegung und Instandhaltung großer Teile einer Stadtbefestigung und in dieser Art ein frühes Beispiel echter bürgerlicher Mitbestimmung und Mitwirkung bei Entscheidungen war, die an sich allein der Herrschaft zustanden, dann sollten, ja dürfen diese nicht ganz ausgelassen werden. Es ist aber nicht möglich und würde den Rahmen dieser Abhandlung sprengen, wenn hier die ganze Abfolge der rechtlichen Auseinandersetzungen, der Rechtsgutachten und Gegengutachten auch nur in Stichworten vorgetragen würde.

Es ist schon an anderer Stelle von den entscheidenden Veränderungen die Rede gewesen, die im Zuge der Mediatisierung der Oettingischen Fürstentümer und ihrer Eingliederung in das neugebildete Königreich Bayern auch in Oettingen spürbar wurden und weitere Folgerungen nach sich zogen. Eine der wichtigsten war, daß mit der Aufhebung der Landesherrschaft beim Stadtdrittelbau gleichsam ein Teil der Geschäftsgrundlage in Wegfall gekommen war, auf der die Finanzierung des Drittelbauwesens auf Seiten der Herrschaft mit aufgebaut war. In der Eile und Großzügigkeit, mit der man 1806 die Entschädigung der ehemaligen Landesherren regelte, war offenbar an Einrichtungen wie das Drittelbauwesen in Oettingen nicht gedacht worden. So kam es, daß die Beteiligten, die fürstliche Standesherrschaft auf der einen Seite, von der nach dem Erlöschen der Linie Oettingen-Oettingen schon zwei Drittel des Anteils am Drittelbau geleistet worden waren, und die Stadt Oettingen auf der anderen Seite, die immer ein Drittel beizutragen hatte, nun dazu verurteilt waren, entweder auf dem Weg einer langwierigen prozessualen Auseinandersetzung oder eines gemeinsamen, geduldigen Suchens einen gerechten Ausgleich zu finden.

Dabei wurden beide Wege beschritten. Als sich der zunächst angestrengte Prozeß, wohl unerwartet, in die Länge zog, beschritt man auch den zweiten, den der einvernehmlichen Auseinandersetzung mit dem Ziele, dabei zu einer gütlichen Regelung zu gelangen.

Um sich an den Kern des Problems näher heranzuarbeiten, wählte man mehrere Ansatzpunkte: Zum einen wurden in den Drittelbaurechnungen die einzelnen Zahlungen einer genauen Revision unterzogen, und was nicht durch Beschlüsse und Dekrete abgedeckt war, sollte auch nicht mehr anerkannt werden. Man fand auch mancherlei zu beanstandende Ausgaben. Das ganze Verfahren, so berechtigt es sein mochte, war aber, wie sich erwies, eher geeignet, in der Stadt Oettingen Mißstimmungen und Antipathien gegen das fürstliche Haus zu wecken, ohne aus sich heraus geeignet zu sein, zu einem für beide Seiten akzeptablen Ergebnis zu führen.

Der zweite Weg, den die Standesherrschaft gleichzeitig einschlug, war die Einleitung von Nachforschungen in den Archiven und Anfragen bei Verwandten und langgedienten leitenden Beamten über Ursprung und Berechtigung des Stadtdrittelbaus. Aber auch dieser Weg führte zu keinem befriedigenden Ergebnis, zumal der sehr kenntnisreiche, langjährige Präsident der F. Oettingen-Spielbergischen Regierung Johann Baptist von Ruoesch darauf hingewiesen hatte, daß die bei der Einführung des Stadtdrittelbaus erfolgte seinerzeitige Abtretung des »Ungelds« (auch »Umgelds« oder zu bringen, daß er unsere Vergleichsvorschläge prüft bzw. solche aus eigenem Antrieb machen würde, und auf diese Weise könnte dann unbeschadet des Ansehens des fürstlichen Hauses eine Übereinkunft erzielt werden, die diese so dunkle Sache zu einem glücklichen Ende führen würde.«[102]

Am 27.8.1834 unterbreitete die fürstliche Herrschaft dem Magistrat als erste Diskussionsgrundlage einen Vergleichsvorschlag über eine mögliche Zuteilung, über Kauf oder Verkauf wichtiger Bauten des Drittelbaus und einiger weiterer Objekte der, kurz gefaßt, alle wesentlichen Objekte enthielt.

Man begann mit einem Vorschlag zum Königsturm: Von diesem wollte »die Herrschaft die in selbigem befindlichen Gefängnisse behalten und auch für die bauliche Unterhaltung Sorge tragen.« Alle übrigen Teile dieses Turms hingegen sollten »Eigentum des Magistrats bleiben, der selbige auch in gutem baulichem Zustand zu halten hat.«

»Von der Stadtmauer behält die Herrschaft denjenigen Anteil, welcher sich vom sog. Gelben Stadel bis an den Stadel des Kronenwirts Lorenz zieht, sowie jenes Stück derselben, welches den herrschaftlichen Holzgarten umschließt, als Eigentum für sich. Dem Magistrat hingegen sollen alle übrigen Teile der Stadtmauer zugehörig sein und bleiben.«

Die Besoldungen: »Alle die hier vermerkten Posten enthalten unwidersprüchlich durchaus solche Ausgaben, die einzig und allein zu Lasten der Stadtgemeinde Oettingen gereichen und unter den jetzigen Verhältnissen unter keinerlei Ursache und keinem Grund dem Fürstenhaus zu fernerer Fortbezahlung aufgebürdet werden können. Die Lasten, für welche die fürstliche Herrschaft im ganzen zur Fortbezahlung sich entscheiden will, sind aber auch von dem Belang, daß selbige mit Recht und Billigkeit voraussetzen darf, dagegen für die Zukunft von allen Beiträgen zum Stadtdrittelbau befreit zu bleiben, denn diese betragen folgendes:

Johann Baptist von Ruoesch,
letzter Präsident der Fürstl. Oettingen-Spielbergischen Regierung.

»Bierpfennigs«) von der Stadt an die Landesherren »einen Anspruch der Stadt auch jetzt noch begründe.«

Da erwies sich der Weg, den der nunmehrige Leiter der Domanialkanzlei vorschlug, eher geeignet, zu einer für beide Seiten, Herrschaft und Stadt, tragbaren Lösung zu führen. Er schrieb am 24.10.1828: »Wenn also die hiesige hochfürstliche Herrschaft zu dem ganzen städtischen Bauwesen zwei Drittel zur Erhaltung desselben zu zahlen schuldig ist, so gebührt derselben auch das Eigentum zu zwei Dritteln an dem städtischen Vermögen. Diese Behauptung wäre vielleicht genügend, den Magistrat dahin

a) Für die Lehrer bei der Wiedererrichtung der lateinischen Schule	1.125 Gulden	15 Kr.
b) An den Besoldungen und anderen Reichnissen	615 Gulden	40 Kr.
c) Durch die unentgeltliche Einräumung des Schrannengebäudes	250 Gulden	0 Kr.
d) die ganze auf das fürstliche Ärar übergegangene Besoldung der Stadtmusikanten	26 Gulden	40 Kr.
zusammen	2.107 Gulden	35 Kreuzer.«

»Umso leuchtender«, so hieß es in dem fürstlichen Schreiben weiter, »wird dem Magistrat das Bestreben erscheinen, wie gerne man fürstlicherseits die Hand zum Frieden bietet und wie sehr man wünscht, alle weiteren Veranlassungen zu Streitigkeiten auf immer zu entfernen.
Dagegen muß aber gewiß als auffallend gefunden werden, wenn bei diesem Zuvorkommen die Herrschaft keinen Gewinn erreichen, sondern vielmehr alle Lasten erhalten und somit aus dem Vergleich keinen Nutzen ziehen sollte.«
Dieser Posten »Besoldungen« wurde bei den weiteren Verhandlungen auch nicht mehr angesprochen.
Der Holzgraben: Das fürstliche Haus erklärt sich bereit, die Unterhaltung der Einwandung des Holzgrabens zu übernehmen, der alle 20 Jahre gereinigt werden muß. Dafür bedingt sich die Herrschaft aus, »daß vermelter (besagter) Holzgraben, der ohnehin durchaus kein nutzbringendes Objekt ist, sowie der sich an ihm hinziehende Obere Gang der freien, ungehinderten Disposition, somit als Eigentum ihr überlassen und anheimgegeben bleiben solle, wogegen jedoch dieselbige die Versicherung erteilt, daß der Obere Gang stets als allgemeine, freie Promenade für das Publikum fortbestehen, sowie der Graben stets als Reservoir bei allenfalls notwendigem Feuerunglück beibehalten und in solchem Falle zu jederzeitigem Gebrauch bereit sein solle.
Damit aber letzterer für das allgemeine Beste ... stets mit Erfolg benutzt werden kann, hat der Magistrat für die Reinigung des Grimmgrabens auf seine Kosten sorgen zu lassen, durch welchen zu Zeiten der Not das Wasser aus dem herrschaftlichen Haidweiher geleitet wird, wogegen aber demselben das sog. Forellenweiherlein zum alleinigen Genuß überlassen werden soll.«

Die Stadt antwortet

Die Antwort der Stadt vom 22.9.1834 hört sich ablehnender an, als es die weitere Entwicklung dann an den Tag legen sollte:
Zum Königsturm: »Dieser ist nach der Erklärung des Magistrats ein Objekt, welches demselben ganz entbehrlich ist, und zu dessen Übernahme sich derselbe nie verstehen könnte, ausgenommen, es müßte demselben gestattet sein, solches sogleich abbrechen und demolieren lassen zu dürfen.«
Zur Stadtmauer: »Bei dieser bleibt es bei der Bestimmung, welche in der präliminarischen Erklärung ausgedrückt ist.«
Den Stadtdrittelbau betr.: »In dieser Bestimmung glaubt der Magistrat, seine Anhänglichkeit und Willigkeit gegenüber dem Fürstenhaus dadurch an den Tag zu legen, wenn er, wie hiermit geschieht, die Bitte einlegt, ihm künftig ein bleibendes, jährliches Aversum (eine Zuweisung) von 600 Gulden zu bezahlen.«
Zum Holzgraben und Sommerkeller: »Keine Anstände, auf selbige Propositionen einzugehen, mit der ausdrücklichen Bedingung, daß gemeiner Stadt für jetzt und in künftiger Zeit das Recht erhalten bleiben solle, den Durchgang auf den Holzgraben ungehindert zu behalten, es möge solcher umgestaltet oder verschönert werden, wie er nur immer wolle.«
Vom Fürstlichen Haus wurde am 10.10.1834 erwidert:
»Bekanntlich liegt eine Allerhöchste Verordnung vor (gemeint war der Befehl König Ludwigs I. vom Jahre 1825, daß in ummauerten Städten alle Wehr-

bauten erhalten werden müssen), nach welcher kein Turm oder irgendein altertümlicher Bau mehr abgebrochen werden darf, und da der Königsturm überhaupt zur Zierde der Stadt, sowie die darauf befindliche Uhr und Glocke für die Untere Vorstadt beinahe notwendig sind, so wird der Magistrat von selbst wünschen, daß dem angetragenen Abbruch des Turmes nie entsprochen werden könnte. Um aber im Wege des Vergleiches der Commune eine nicht unbedeutende Last abzunehmen, so will die fürstliche Herrschaft diesen Turm behalten und alle Baulichkeiten an demselben alleine bestreiten. Wenn dagegen als Gegenleistung die Commune die Erhaltung der auf demselben befindlichen Uhr und Glocke, Glockenstuhl und kleinem Dächlein über der Glocke auf sich nimmt.«

Zur Stadtmauer: »Die Stadtmauer behält ihre Bestimmung, die ihr in dem bereits vorliegenden Präliminar-Artikel gegeben ist.«

Zum Drittelbau: »Wenn der Magistrat glaubt, seine Anhänglichkeit und Willigkeit gegen das fürstliche Haus dadurch an den Tag legen zu können, daß er für den Stadtdrittelbau ein jährliches Aversum von 600 Gulden aus dem fürstlichen Ärar fordert, muß man wirklich auf die Vermutung geraten, daß seine Gesinnung zur Erreichung einer gütlichen Übereinkunft mit dieser schönklingenden Voraussetzung von Anhänglichkeit und Willigkeit keineswegs noch übereinstimmen. Zu der Präliminar-Erklärung zu diesem Punkt ist dem Magistrat deutlich zu erkennen gegeben worden, welche großen Lasten das fürstliche Haus zu übernehmen geneigt ist, ungeachtet, (daß) demselben durchaus keine Verbindlichkeit mehr aufgelegt werden kann. Abgesehen davon, erscheint also die Forderung des Magistrats in jeder Hinsicht überspannt. Zieht man jetzt aber noch in weitere Erwägung, daß der Magistrat

a) die Schranne als bleibendes Eigentum erwerben kann
b) den Königsturm gar nicht hatte übernehmen wollen, so wird gewiß jeder rechtlich denkende Mann zu dem Zuvorkommen gnädigster Herrschaft zur Erreichung einer gütlichen Übereinkunft finden, daß sich selbige bereit erklärt,
aa) die Schranne um einen billigen Anschlag als bleibendes Eigentum demselben abzutreten,
bb) den Königsturm allein übernimmt und unterhält und der Magistrat nur für die Uhr, Glocke, Glockenstuhl und Dächlein zu sorgen hat.

Dadurch gehen nun aber gnädigster Herrschaft wieder neue, bedeutende Lasten zu, indem selbige (bei einem Verkauf der Schranne) für die Einrichtung neuer Kastenböden mit beträchtlichem Kostenaufwand zu sorgen und die bauliche Unterhaltung des Königsturms, welcher gleich jetzo eine sehr kostspielige Reparatur erfordert, für immer übernommen hat.

Wenn nun auch bei allem diesem die Billigkeit gnädigster Herrschaft als vollkommen erschöpft angesehen werden könnte, und daher der Antrag ihrerseits, für die Zukunft von allem und jedem Beitrag zum städtischen Bauwesen befreit zu bleiben, hinlänglich gerechtfertigt erscheint, so will sie nun doch zu allem Überfluß, und ohne daß der Stand des Rechtsstreits über diesen Gegenstand solches als nötig darstellt, noch mit einer weiteren Proposition kommen und demselben zu erkennen geben, daß man sich zur Erreichung einer gütlichen Übereinkunft bereit finden lassen würde,

das Schrannengebäude der Stadt
ohne Geldanschlag als Eigentum

zu überlassen. Dagegen wird aber erwartet, daß der Magistrat von allen Forderungen zum Betreff der städtischen Baulichkeiten aus dem fürstlichen Ärar für jetzt und allezeit ganz abstehen und daß selbe davon freigesprochen wird.« Mit diesem letzten großen Zugeständnis hatte man wohl auch auf Seiten der Stadt alle Karten als ausgereizt angesehen und hatte die Vertretung der Standesherrschaft den Durchbruch erzielt, auf den man so geduldig hingearbeitet hatte, indem jede Partei Zug um Zug von bisherigen Forderungen Abstand nahm.

Der im fürstlichen Hofgarten angelegte und der Bürgerschaft freigestellte Holzgrabenweg ist bis heute eine beliebte Promenade geblieben. Links im Bild der früher »nasse« innere Stadtgraben.

Fürst Aloys III.

Es wurde nun ein Vertrag entworfen, in den alle zuletzt vorbesprochenen Vereinbarungen aufgenommen und alle in Zusammenhang mit den behandelten Objekten zu erwägenden Details berücksichtigt wurden. Nachdem beide Seiten alles wohl überlegt und unter sich erörtert und mit der Gegenseite Übereinstimmung erzielt hatten, konnte am 8. Dezember 1834 zwischen der fürstlichen Standesherrschaft und der Stadtgemeinde Oettingen ein Vertrag abgeschlossen werden, in welchem die bisherigen Regelungen des Drittelbauwesens aufgehoben und die aus diesem herrührenden Verpflichtungen und Rechte in einer gütlichen Ausgleichung neu festgelegt wurden. Schon am 13.12.1834 konnte »die hohe Genehmigung von Oberkuratel wegen mittels Reskripts rechtsförmlich erlangt und von Seiner Durchlaucht, dem Herrn Fürsten von Oettingen-Oettingen und Oettingen-Spielberg, und den General- und Spezialbevollmächtigten der Stadt unterzeichnet werden.«

Der »wegen des Stadtdrittelbaus obschwebende Prozeß« wurde nun dadurch »gänzlich aufgehoben«, die Akten sollten »reponiert« werden und »jeder Teil die bisher gehabten Gerichts- und Advokatenkosten selbst übernehmen und tragen.«[104] Diese gerichtliche Übereinkunft vom 18.12.1834 wurde durch den Fürsten und die Vertreter der Stadt, Bürgermeister Vogt und Gottfried Seiß, dem Vorstand der Gemeindebevollmächtigten, eigenhändig unterzeichnet und gesiegelt.

Mit der gänzlichen Aufhebung der Stadtdrittelbauverpflichtungen[105] hat eine beispielhafte Regelung, die sich über 300 Jahre lang bewährt hatte und »stets einvernehmlich eingehalten worden war«, ein Vorgriff auf praktizierte Demokratie, ihren Abschluß gefunden. Er war als Folgewirkung der Mediatisierung notwendig geworden. Die Vertreter der fürstlichen Standesherrschaft waren sicherlich sehr erleichtert, als diese Last, deren Dauer ungewiß gewesen war, nun von ihren Schultern genommen war. Sie waren sicherlich auch sehr froh, daß der langwierige Prozeß, der das gegenseitige Verhältnis belastete, aus der Welt geschafft war. Alle waren wohl irgendwie befreit. Deshalb sollte auch gefeiert werden. In einer von den Vorständen der fürstlichen Ämter und von Bürgermeister Vogt gemeinsam unterzeichneten »innigsten Einladung« an das Fürstliche Haus, die Beamtenschaft und die Bürger wurde eine festliche Woche durchgeführt »zu herzlicher Feier des 25 Jahre lange vermißten, jetzt aber glücklicher Weise wiederhergestellten Friedens und der Eintracht zwischen Fürsten und Bürger«, mit folgenden Veranstaltungen:

1) »Feierliche Aufwartung bei den hohen fürstlichen Herrschaften am Donnerstag, 11.12.1834, vormittags 9 Uhr, begleitet von 25 Böllerschüs-

sen, Trompeten und Pauken, von den Türmen zu St. Jakob und St. Sebastian.«
2) »Feierlicher Gottesdienst am Sonntag, 14.12.1834, in St. Jakob, 8.30 Uhr, und in St. Sebastian nach geendigtem prot. Gottesdienst dem Allerhöchsten als schuldiger Dank.«
3) »Feierlicher Fackelzug unter Begleitung von Musik vom Rathaus zum Schloß und von dort zur 'Krone', »woselbst ein froher Abend zugebracht werden soll.«
4) »Feierlicher Bürgerball am Sonntag, 28.12.1834, in der 'Krone', wozu die Fürstlichen Herrschaften durch eine feierliche Deputation des Magistrats und der Gemeindebevollmächtigten ehrfurchtvoll 'invitiert' werden. Die höfliche Einladung an die Herren Räte, Beamten, Diener und übrigen Honoratioren ... geschieht durch ein Circular.«
5) »Großes Diner am Sonntag, 14.12.1834, nachmittags 1 Uhr, im Gasthof 'zum Goldenen Karpfen' (heute Gasthof zur »Post«).« Unterschrieben war die Einladung von den Vorständen aller fürstlichen Ämter und Bürgermeister Vogt als Vorstand des Magistrats.

Fürst Aloys III. ließ es sich auch nicht nehmen, an »die ärmere Klasse der Einwohnerschaft« eine Spende von 100 Gulden verteilen zu lassen, »mit dem lebhaften Wunsch, daß die Uns von Unserer getreuen Bürgerschaft so sprechend ausgedrückten und Uns so schätzenswerten Beweise reinster Freude in Bezug auf den zwischen Uns und der Stadtgemeinde abgeschlossenen Vergleich auch von den bedürftigen Bürgern froh und ungetrübt an den Tag gelegt werden können.« Diese Spende sollte zu 37 1/2 Gulden an die bedürftigen Angehörigen der beiden christlichen Konfessionen und zu 25 Gulden unter die jüdischen Armen verteilt werden.

Die Freude wurde freilich bald darauf für einige Zeit nochmals getrübt, als der Stadt bei der abschließenden Besprechung einer für gültig erklärten Fassung des Vertrags mit dem Datum des 31.12.1834 ein Text vorgelegt worden war, in welchem das Schrannengebäude nicht unentgeltlich, sondern »um den äußerst billigen Anschlag von 3000 Gulden (ursprüngliche Fassung) an die Stadt abgetreten werden sollte. Eine rasch aufgeflammte Kontroverse wurde aber beigelegt durch ein persönliches Schreiben von Fürst Aloys vom 13.2.1835, in welchem die zugesagte »unentgeltliche Übergabe« der Schranne an die Stadt nochmals bestätigt wurde.

Der Vertrag hat im Laufe der über 150 Jahre seines Bestehens immer wieder Änderungen einzelner Punkte erfahren. In der Vereinbarung hinsichtlich der Benutzung des »Oberen Ganges« am Holzgraben ist er jedoch heute noch in Kraft. Eine Änderung, die uns im Rahmen unseres Themas besonders interessiert, betrifft den Königsturm. In diesem wohnte »auf besondere Vergünstigung« in den 50er Jahren des vorigen Jahrhunderts der Zeugmacher Peter Sommer. Seine Wohnung war wieder einmal reparaturbedürftig geworden. Es sah sich aber das fürstliche Haus »umso weniger veranlaßt, diese

Otto Karl Fürst zu Oettingen-Spielberg.

Wohnung zu unterhalten, als bei dem Übergang der fürstlichen Gerichtsbarkeit und der Polizeigewalt an das Königreich Bayern nach 1848, die Interessen der fürstlichen Standesherrschaft sich geändert hatten.«[103]

Der Königsturm konnte »wegen seiner außerordentlich guten Gefängnisse« für den Magistrat von größerem Interesse sein, weswegen »die fürstliche Herrschaft diesen Turm dem Magistrat nun als Eigentum gegen Übernahme aller Baulichkeiten« überlassen konnte. Die Stadt nahm dieses Angebot an, und Fürst Otto Karl bestätigte am 14. April 1853 mit eigener Hand: »Die eingeleitete Übergabe des Königsturms an die Stadtgemeinde Oettingen (wird) gegen Übernahme der baulichen Unterhaltung der bemerkten Realität genehmigt.«[100] Seitdem steht dieser schöne Turm im Eigentum der Stadt.

Im Jahre 1972 hatte sich der 1. Bürgermeister der Stadt, Hans Raidel, an das fürstliche Haus gewandt mit der Bitte um Aufklärung über den Vertrag vom 31.12.1834, seine Rechtsgültigkeit und die Teile, die heute noch gelten. Von der fürstlichen Verwaltung ist diese Bitte in einem Schreiben erfüllt worden, das insofern auch für das Anliegen dieses Buches interessant ist, als daraus die heutige Beurteilung dieses Vertrages durch die fürstliche Verwaltung ersichtlich wird. Im Kernsatz dieses Schreibens wird ausgeführt: »Zweck des Vertrages von 1834 war es, die durch die Aufhebung der Landesherrschaft nun erforderlich gewordenen Abgleichungen und Abgrenzungen vorzunehmen.«

Damit wird die Mediatisierung (»Aufhebung der Landesherrschaft«) eindeutig als Ursache dafür genannt, daß der Drittelbau nicht mehr in der bisher geübten, bewährten Form weitergeführt werden konnte, sondern »neue Abgrenzungen und Abgleichungen« notwendig waren, denen der gemeinschaftliche Drittelbau zum Opfer fiel.

Dabei muß anerkannt werden, daß die Vertreter der Standesherrschaft auch in der schwierigen Lage, in der sie sich befanden, im Interesse der Erzielung einer gütlichen Einigung, eine erfreulich zurückhaltende Noblesse an den Tag legten, die nach einigen weiteren Zugeständnissen auch zum Ziele führte. Besonders ist anzuerkennen, daß sie auch in der bedrängten Situation ihre Verpflichtung zur Erhaltung wichtiger Bauwerke nicht aus dem Auge verloren haben. Sie haben so letzten Endes ebenso die Erhaltung des Königsturms, für den der Abbruch bereits beantragt war, wie die Begrenzung der Abbrüche der Stadtmauer auf eine Höhe von 12–15 Fuß durchgesetzt, die im großen und ganzen auch eingehalten wurde.

Nach dem Aufhören des gemeinschaftlichen Drittelbaues war es freilich nicht zu verhindern, daß in der Folgezeit immer wieder Veränderungen im Bereich der ehemaligen Stadtbefestigung vorgenommen wurden. Dies gilt besonders von der Situation bei den Toren, wo sowohl beim Königstor, wie beim Schloßtor und dem abgebrochenen inneren Mittleren Tor nur noch wenig Spuren des ehemaligen inneren Grabens und des Vorwerks (Barbakane) vor dem Königstor zu erkennen sind, ja die ganze Situation wurde dort so verändert, daß man sich das ehemalige Aussehen der Stadtbefestigung dort nur noch schwer vorstellen kann. Auf der anderen Seite sind von der so schön und solide gefügten Stadtmauer noch fast zwei Drittel ihres Unterbaues erhalten. Es wäre zu überlegen, ob sie nicht, wenigstens auf eine gewisse Strecke hin, von beiden Seiten her freigelegt und zugänglich gemacht werden könnte, was an einem Abschnitt der westlichen Mauer am ehesten denkbar und mit öffentlicher und privater Förderung wohl auch möglich wäre. Das Bild der Stadt Oettingen, das sich in dem so wohlerhaltenen Straßenzug der Schloßstraße zwischen Schloß und Königstor, und besonders auf dem großen, freundlichen Innenhof des Marktplatzes, so wohlgefällig darbietet, würde dazu um ein ansehnliches Denkmal der frühen Stadtgeschichte bereichert werden.

Quellenangaben

[1] Grupp G., Oettingische Regesten, Heft 1, S. 1
[2] Kudorfer, Dieter, S. 6
[3] Stammbaum des Hauses Oettingen, Anlage 3
[4] Grünenwald, Elisabeth, »Oettingen«, S. 20 und S. 29/30
[5] Grünenwald, Elisabeth, »Oettingen«, S. 14 ff.
[6] St.A.Oe., A1 10 40
[7] Mitteilung von Herrn Horst Prager, Oettingen
[8] Schaller, S. 5
[9] St.A.Oe., A1 10 40 (Juli 1632) und St.A.Oe. A1 10 75 (von 1675)
[10] Wörlein, S. 37; Dieter Kudorfer, a.a.O., S. 121/2
[11] Oettinger Almanach, S. 104
[12] Dieter Kudorfer, S. 121/2
[13] Der Chronist Moll, berichtet aus eigener Anschauung
[14] St.A.Oe. A1 10 32 und A1 10 76
[15] St.A.Oe. A1 10 32 und A1 10 36
[16] F.Ö.A.Ö. XI (oder H.A. XI 9 10)
[17] F.Ö.A.Ö. (oder H.A. XI 9 10)
[18] F.Ö.A.W. VI 56 11
[19] F.Ö.A.W. VI 37 11
[20] F.Ö.A.Ö. »R 62«
[21] F.Ö.A.Ö. XI 9 10
[22] Oettinger Almanach, S. 7, Elisabeth Grünenwald »Oettingen«, S. 48, Karl Gruber, Daniel 1965/2, S. 21
[23] St.A.Oe. Akten der Polizeibehörde Oettingen I. II. 21 3
[24] Wörlein, S. 107
[25] Akte Polizeibehörde Oettingen I II 21 3
[26] Daniel 1965/1, S. 17
[27] F.Ö.A.Ö. A1 10 76
[28] Wörlein, a.a.O., S. 76
[29] F.Ö.A.Ö. I II 21 3; Schaller, S. 20
[30] Drittelbaurechnung von 1689 Mitteilung von Frl. Ostenrieder
[31] F.Ö.A.Ö. I II 213
[32] Wörlein, S. 37; Oettinger Almanach, S. 194
[33] H.St.A. München »Mediatisierte Fürsten«, Bd. II 154
[34] Wörlein, S. 90 ff.; Oettinger Almanach, S. 92
[35] Wörlein, S. 97/8
[36] F.Ö.A.Ö. Repertorium 62
[37] F.Ö.A. Wallerstein VI 5611, Elisabeth Grünenwald in: »Der Daniel« 2/1965
[38] Grünenwald Elisabeth in »Nordschwaben« 1983, Heft 3
[39] F.Ö.A.Ö. Repertorium 62 (R 62)
[40] Teil des feldseitigen Vorwerks ist heute noch das äußere Drittel der Schloßtordurchfahrt unter dem später aufgesetzten Salettl-Bau.
[41] St.A.Oe. Drittelbaurechnungen der Jahre 1630–33
[42] F.Ö.A.Ö. XI 9 10
[43] F.Ö.A.Ö. »Special Abriß über die Auracherin resp. Plan über die Stätten, Rennbahnen etc. 1598 dort sich befindlichen Schießhäusern« I.I.36.12
[44] F.Ö.A.Ö. I.I.36.12
[45] St.A.Oe. und F.Ö.A.Ö. Drittelbaurechnung 1669 und 1671
[46] St.A.Oe. A1 10 71
[47] Siehe Anhang I (Fachausdrücke)
[48] St.A.Oe. A1 11 02
[49] St.A.Oe. A1 10 38 Protokoll von der Woche vom 7. zum 14.4.1632
[50] St.A.Oe. A1 10 89
F.Ö.A.Ö. Repertorium 62: Mitteilung, daß bei einem Brand im Haus des Nachbarn Roth der Dachstuhl des Schnitzerturms Feuer gefangen habe, aber gerettet worden sei. Letzte Nennung des Schnitzerturms in der Drittelbaurechnung.
[51] F.Ö.A.Ö. I i 30 1a und F.Ö.A.Ö. XI 0 10
[52] Grünenwald, Elisabeth, in »Nordschwaben 1983, Heft 3, S. 122 oben
[53] Röttger, Jakob, S. 16
[54] F.Ö.A.Ö. R 62
[55] Wörlein, S. 98: Pestbilder: eines dieser Bilder hatte ursprünglich unter dem Torbogen des äußeren Unteren Tores gehangen. Bei dessen Abbruch wurde es 1814 in der Sebastianskirche auf der ersten Empore über dem nördlichen Stiegeneingang angebracht. Das zweite am rechten Seitenaltar zeigt die Muttergottes und St. Sebastian als Patrone gegen die Pest.
[56] Pfarrmatrikel: Wörlein, S. 98: Nach der evangelischen Pfarrmatrikel starben in Oettingen im Jahre 1602 zwischen dem 1. Juli und dem 31. Dezember 97 Personen. Man darf annehmen, daß bei der großen Ansteckungsgefahr bei dem gleich starken katholischen Bevölkerungsteil eine ähnlich hohe Zahl von Pestopfern zu beklagen war. Oettingen hat also damals rund 200 Einwohner verloren. Noch schlimmer soll die Pest dort in den Jahren 1632 und 1633 gewütet haben. Wörlein berichtet, daß »nach dem Pfarrbuch« in den Jahren 1632 bis 1635 939 Menschen begraben worden sind.
[57] Gemach für Tortur: Seit der Einführung des Römischen Rechts durch Kaiser Karl V. in Deutschland war die Folter

ein durchaus rechtmäßiges Instrument zur Gewinnung (Erpressung) von Geständnissen. Nach einer Notiz im F.Ö.A.Ö. wurden zu Anfang des 17. Jahrhunderts »wegen Dieberei« ein Mann gehängt, ein anderer enthauptet, ein dritter gerädert und eine Frau bei der Wörnitzbrücke (in einem Käfig) in der Wörnitz ertränkt.

58 Ähnliche Aufstellungen durchziehen alle Stadt-Drittelbau-Rechnungen.
59 Diese Eintragung ist wahrscheinlich die erste Bezeichnung des Turmes des inneren Unteren Tors als »Königsturm«.
60 St.A.Oe. A1 10 37 für die Jahresrechnung 1631/2 und A1 10 38 für die Jahresrechnung 1632/3
61 St.A.Oe. A1 10 38 – »Barbakane«, ital. Bezeichnung für das bei mittelalterlichen Stadtbefestigungen bewährte Vorwerk bei Stadttoren.
62 Signatur des Aquarells: F.Ö.A.Ö. BP. B 127
63 Grünenwald, Elisabeth, in »Nordschwaben« 1983, Heft 3, S. 122
64 F.Ö.A.Ö. Repertorium »62«
65 St.A.Oe. A1 10 39
66 St.A.Oe. A1 10 39 Eine Eintragung bezeugt, daß der äußere Graben bis hinauf unter die Schlagbrücke beim äußeren Mittleren Tor noch bewässert war, bei einer Reparatur wurden an der Schloßbrücke 6 Zentner 15 Pfund Eisen verbaut.
67 St.A.Oe. A1 10 82 Das äußere Mittlere Tor wurde 1679 mit Camin und Herd von Grund aus neu errichtet und mit einem rot-gelben Anstrich »mit Silber glatt versehen«
68 St.A.Oe. A1 10 71
69 F.Ö.A.Ö. »R 62« und Wörlein S. 79 und St.A.Oe. A1 10 74
70 H.A. XI. 9. 10.
Lorenz Schmidt hat 1645/7 in Nördlingen den ausgebrannten Deininger Torturm wiederhergestellt und ihm die heutige Haube aufgesetzt.
71 St.A.OE. A1 10 37
72 Anhang 1 Aufstellung von Fachausdrücken
73 St.A.Oe. A1 10 76
74 Schaller, S. 19 ff.
75 Wörlein, S. 98/9 und S. 105
76 St.A.Oe. A1 10 53
77 Genauer Standort des Hauses der Goldschmiedin war nicht zu ermitteln
78 St.A.Oe. A1 10 53–55
79 St.A.Oe. A1 10 73
80 Stiege zum südwestlichen Blockhaus (St.A.Oe. A1 10 47)

81 Grünenwald, Elisabeth in »Nordschwaben« 1983, Heft 3 und Wörlein, S. 62
82 St.A.Oe. 1 10 76
83 St.A.Oe. A1 10 76; St.A.Oe. A1 10 76
84 F.Ö.A.Ö. I 1 36 16 und Wörlein. Bei den zwischen 10 und 4 Uhr durchgeführten Rundgängen hatten die Nachtwächter die Stunde anzusagen, was sie mit moralisierenden Versen zu begleiten pflegten. Wörlein, a.a.O. S. 108
85 F.Ö.A. 31 2 24
86 Schaller, Seite 20
87 F.Ö.A.Ö., Tagebuch der Prinzessin Johanna, Seite 653 und 655
88 F.Ö.A.Ö. III 32 2 25
89 Staatsarchiv Neuburg Regierung NÖ 16697 Oettingen
90 F.Ö.A.Ö. I. II. 21 1
91 F.Ö.A. VI 56 11, Andreas Kraus, Geschichte Bayerns
92 Grünenwald, Elisabeth »Nordschwaben« 1983, Heft 3, S. 121/2
93 Siehe 94
94 Mitteilung von Herrn Horst Prager: Auch an der östlichen Stadtmauer fanden Abbrüche statt, z.B. am Anwesen Plank/Entengraben und an Klostergarten/Sonnengasse
95 Moll, Sammlungen von dem Ries, S. 9
96 F.Ö.A.Ö. A1 10 (1645)
97 Aquarell siehe Fußnote 62
98 Situationsplan S. 80
99 F.Ö.A.Ö. Reg. I. II. 21 3
100 F.Ö.A.Ö. I. II. 21 6
101 St.A.Oe. A1 10 12–17 H.A. III 33–317
102 F.Ö.A.Ö. I. II. 21 17
103 Durch Aufhebung der fürstlichen Herrschaftsgerichte nach 1848 wurden die Gefängnisse nicht mehr benötigt.
104 Die Darstellung der Geschichte des Drittelbaus wäre für eine rechtsgeschichtliche Studie oder Dissertation ein sicherlich reizvoller Stoff.
105 Mit der Auflösung des Stadt-Drittelbau-Vertrags war eine Fülle von Einzelverträgen verbunden, z.B. über die Handhabung beim Königsturm (I. II. 21.6.) mit der Stadt Oettingen selbst (I.II. 21.3.) und (H.A. II 25), Lateinschule (VI 26 14), über die Anstellung der Brunnenmeister (II. III. 19.7), die Besitzanteile am Rathaus (II V 2 24), und die Überlassung des kath. und prot. Schulhauses. Sie wurden in den folgenden Jahrzehnten den sich ändernden Verhältnissen angepaßt.

Literaturnachweis

Almanach, Oettinger: Oettingen 1783
Antonow. Alexander: Burgen des südwestdeutschen Raums im 13. und 14. Jahrhundert.
dtv-Lexikon: Deutscher Taschenbuch-Verlag, Wiesbaden, 1968.
Eichhorn, Ernst: „Frankenland" 88, „Die reichsstädtische Verfassung als Kunstwerk und Rechtsdenkmal"
Fischer, Jakob: Schwäbisches Lexikon
Gröber-Horn: Die Kunstdenkmäler Bayerns, Schwaben Band I, Bez.amt Nördlingen 1938, München 1938
Grupp, G.: Oettingische Regesten, 1. Heft, Nördlingen 1896
Grünenwald, Elisabeth: „Oettingen", 1962
Grünenwald, Elisabeth: „Der Daniel", 2/1965
Grünenwald, Elisabeth: „Nordschwaben", 1983
Grünenwald, Elisabeth: Das älteste Lehenbuch der Grafschaft Öttingen, Oettingen, 1975 (verschiedene Schreibweisen: Öttingen/Oettingen beachten!)
Jähn, Max: Die Befestigungsweise der Vorzeit und des Mittelalters, Wiesbaden, 1898
Keßler, Hermann: Die Stadtmauer der Freien Reichsstadt Nördlingen, Uhl, Nördlingen, 1981
Kudorfer, Dieter: Die Grafschaft Oettingen, Historischer Atlas von Bayern, Schwaben, Reihe II, München, 1985

Krausen, Edgar: Handgezeichnete Karten aus dem Bayer. Hauptstaatsarchiv... Degner-Verlag Neustadt/Aisch, 1975
Kraus, Andreas: Geschichte Bayerns, C.H. Beck, München 1983
Moll, Johann Georg: Sammlung von dem Rieß, Hds. 1764
Merian, Matthias: Theatrum Europaeum, Frankfurt 1639
Meyer, Werner: Meyers Konversationslexikon von 1878, Glossaire, Wörterbuch des Mittelalters, Weidlich, Frankfurt 1975
Mußgnug, Ludwig: „Rieser Heimatbote", Beilage zur „Nördlinger Zeitung"
Schaller, W.: Ein Spaziergang durch die Stadt Oettingen, Kron, Oettingen, 1932 (Vortrag)
Röttger, Jakob: Führer zur Oettinger Jakobskirche 1987
Röttger, Jakob: Oettingen, liebe kleine Stadt, Oettingen, 1982
Stöckel, Hermann: Geschichte des Mittelalters und der Neuzeit, Nürnberg, 1925
Wörlein, Carl: Beiträge zur Geschichte der Stadt Oettingen, maschinengeschriebenes Manuskript, Oettingen, 1912
Zorn, Wolfgang: Historischer Atlas von Bayerisch. Schwaben, Augsburg 1955

Archivalische Quellen

Fürstlich Oettingisches Archiv Oettingen
Stadtarchiv Oettingen
Fürstlich Oettingisches Archiv Wallerstein
Hauptstaatsarchiv München
(Einzelnachweise bei den „Quellenangaben")

Verzeichnis der Abbildungen

Seite	Gegenstand	Herkunft
15	Straßenbegrenzungsmauern	Horst Prager
19	Die alte Wörnitzbrücke	F.Ö.A.W.
20	Stadtansicht von 1893 von Osten mit Wörnitzbrücke	Horst Prager
21	Blick auf Hainsfarth mit Wörnitzbrücke	Johannes Müller
25a	Graf Ludwig XI.	»Daniel« 1965/1, S. 19
b	Graf Friedrich III.	Horst Prager
28	Titelblatt der Drittelbaurechnung von 1659/60	St. A. Oettingen
29	Hauptwache bei der Jakobskirche	Johannes Müller
30	Gebietskarte des Fürstentums Pfalz-Neuburg, westl. Teil (1570)	H. St. A. München
33	Text- und Schriftprobe der Drittelbaurechnung von 1511 zur Errichtung des Mitteltorturmes	F.Ö.A.W.
34	Stadtansicht von 1656	»Nordschwaben 1983, S. 119
35	Aufnahme der stadtseitigen Durchfahrt beim Schloßtor	Horst Prager
36	Grundriß und Schnitt des Königstores	Kunstdenkmäler Bd. Bez. A. Nördlingen
37	Königstor, stadteinwärts gesehen	Adolf Fischer †
39	Graf Ludwig XVI. Wappenscheibe	Horst Prager
41	Spazierweg auf dem Augrabenwall	Hermann Jaumann
46a	Bild des Grafen Gottfried	Horst Prager
b	Graf Gottfrieds Schießhaus i.d. Aurach, heutiger Zustand	Horst Prager
49	Stadtansicht von Nordosten mit Schnitzerturm in	Stadtmuseum Nördlingen
50	Der Schnitzerturm auf einer Ansicht der Stadt aus der ersten Hälfte des 16. Jahrhunderts	»Nordschwaben« 1965/2, S. 25
51	Bild einer Stadt auf der Riethmüllerschen Totentafel in St. Jakob	Dr. Alfons Uhl
56	Königstordurchfahrt von der Innenstadt aus	Horst Prager
59	Aquarell des Bereichs der beiden Mittleren Tore von 1670	F.Ö.A.Ö.
61	Der Salettlbau am Oberen Schloß von Westen	Horst Prager
63	Ansicht des äußeren Mittleren Tores, stadteinwärts	Hermann Jaumann
64	Königstor und äußeres Unteres Tor auf einer Zeichnung	F.Ö.A.W.
65	Äußeres Unteres Tor, Versuch einer Nachbildung nach den Angaben im Teilungslibell Urkatasterkarte 1822	Horst Prager
68	Nachfolgebau zum Mauerhaus auf dem Aquarell von 1670	Adolf Fischer †
70a	Einmündung Ziegelgasse in die Mühlstraße	Adolf Fischer †
73	Titelblatt des Berichts von Lukas Schultes zum Überfall Johann de Werths vom Juni 1934	St. A. Nördlingen
b	Johann de Werth	Matthias Schwenkenbecher
83	Gulden von Fürst Albrecht Ernst I.	Horst Prager
84	Vermauerter Tordurchbruch i.d. westl. Stadtmauer	Horst Prager
85	Luftbild mit St. Jakob und dem Oberen Schloß	Horst Prager
87	Stadtansicht von 1776	F.Ö.A.W.
89	Hauptwache bei St. Jakob, mit Fürstlichem Oberem Schloß	Johannes Müller
90	Westecke des Oberen Schlosses mit Stadtmauer und Hauptwache	F.Ö.A.Ö.
92	Abbruchstelle des inneren Mittleren Tores, heute Straßendurchfahrt	Horst Prager
94	Heutiges Aussehen des äußeren Mittleren Tores vom Stadtinnern her	Horst Prager
98	von Ruoesch. letzter oettingischer Präsident	Oscar Braun
101	Hofgrabenweg im Schloßpark	Adolf Fischer †
102	Fürst Aloys III.	F.Ö.A.Ö.
103	Fürst Otto Karl	F.Ö.A.Ö.
117	Indentifizierungsversuch des Bildes von Seite 30	Horst Prager
118	Rekonstruktionsversuch Schnitzerturmbereich	Horst Prager
119	Rekonstruktionsversuch Schnitzerturmbereich	Horst Prager
122	Schützenfahne von 1685 oder 1695	Horst Prager
123	Luftbild von Süden im Sommer 1990	Hermann Luft

Die beiden Farbbilder sind hier nicht aufgeführt

Pläne, Skizzen, Musterbilder

Seite	Gegenstand	Herkunft
12	Stadtmauergrundriß mit erhaltenen Mauerpartien im Unterbau	Stadtbauamt Oettingen
42	Situationsplan Inneres und Äußeres Mittleres Tor (Zwinger)	Horst Prager
43	Situationsplan Inneres Unteres Tor (Königstor)	Horst Prager
44	Einlaßpförtchen	Jähn a.a.O.
45a	Situationsplan der gräflichen Schieß- und Rennbahnanlagen in der Auracherin	F.Ö.A.W.
b	Kartenausschnitt Urkataster von 1826	Bay. Landesvermessungsamt
48	Palisaden und Erdwälle	Jähn a.a.O.
66	Zugbrücke, Schlagbrücke	Jähn a.a.O.
69	Mauerhäuser	Jähn a.a.O.
70b	Einmündung Ziegelgasse in die Mühlstraße	Horst Prager
80	Situationsplan Inneres und Äußeres Oberes Tor (Schloßtor)	Horst Prager
82	Situationsplan Äußeres Unteres Tor (Gäulwett)	Horst Prager

Personen- und Sachregister

Abbrüche an der Stadtmauer und von Drittelbau-Objekten 88, 91, 92, 93, 98
Ammänner 31
äußeres Mittleres Tor 57, 60, 62, 68, 73, 75, 84, 85, 93
äußeres Unteres Tor 64–67, 71, 81
Alerheim 78
Aquarell von 1670 57, 58, 60, 89
Armbrustschützen 46
Augraben 18, 40, 47, 64
Aurach 40, 79

Badmann, Machul 92
Barbakane 53, 55, 58, 60, 61, 86
Bauernkrieg 38/39
Begrenzungsmauern 15
Beneke, Stadtschreiber 92
Besel (»Höllbäck«) 90
Bittner, Bürger 58
Blockhäuser 69, 79, 105, Anlage 1
Brustwehren 47, 79, 105, Anlage 1
Braun, Advokat 92
Bühl 75
Bürgerhof 13
Bürgermeister, innerer – äußerer 34

Convoiierung 71
Crämer Andreas, Stadthauptmann 55

Dämme 47, 71
Dammgräber 47
Deutschorden(sherren) 10, 11
Deiningen 38
Dinkelsbühl 54, 75
Donauwörth 54, 75
Dreißigjähriger Krieg 72, 79

Ehingen 9
Einlaßbrücklein 64, 74, 75
Einlaßpförtlein 44, 64, 75
Eitelsberger von, Junker 75
Entengraben (»Seufzerallee«) 41, 96

Ferdinand, König von Ungarn 72
Fessenheim 75
Fischhaltung in den Gräben 18
Fröschweiher(lein) 43, 95
Frohmann, Bürger 92
Fürsten von Oettingen
    Albrecht Ernst I. 75, 93
    Albrecht Ernst II. 83
    Johann Aloys III. 89, 102
    Otto Karl 103

Gans, Oberstleutnant 75
Gattertor 64, 67, 68, 71, 79
Gelber Stadel 91
Geleitsrecht 16, 32, 71

Georgskapelle (Schranne) 13
Goschenhof 13
Grabenbrücke 60
Gräben 15, 17, 39, 54, 95
Grafen von Oettingen 10, 108
erste drei Generationen 9
    Ludwig III. 10
    Ludwig IV. 10
    Ludwig XI. 25
    Friedrich III. 25
    Ludwig XVI. 30
    Ludwig Eberhard 73, 75, 76, 77
    Gottfried 46
Grimmgraben 17, 39

Haidweiher 17
Hans, Markgraf von Küstrin 30
Hauptwache 31, 88, 90
Hebauf 31
Heidenheim am Hahnenkamm 33
Heidenheim/Brenz 77
Hörner, Karl, Metzger 92
Hofkirch, von, General 75
Hoher Bau ob dem (Oberen) Tor 35, 36
Holzepitaph Riethmüller 51
Heinrichen, Hans, Bürgermeister 78
Holzgraben 17, 18, 31, 39, 89, 95

inneres Mittleres Tor 31, 34, 54, 57, 63, 68, 79, 89, 92
Ingolstadt 72, 76

Jakobsturm 22, 33, 54
Jerglin, Metzger 58

Karl V., Kaiser 30
Keßler, Dr., Kanzler 74, 75
Klotz, Handelsmännin 90
Königsturm 37, 52, 96, 98, 104
Kränzle, Engelbert, Wirt 90
Kroaten 72, 75

Laux, Zimmermeister 30
Levinus, Kanzler 78
Lipowski, Rechtsrat 93
Ludwig I., König von Bayern 93
Luftbild der Stadt 85, 86

Maihingen 29
Marktoffingen 71
Mauerhaus 59, 70, 79
Maximilian, Kurfürst 72
Megesheim 30
Mercy, General 78
Merian, Matthias 76
Münzschloß 35, 36, 96

Nachtwächter 24, 89

Nägelen, Philipp, Maler 56
Neues Schloß 36, 69, 85, 87, 90
Neubaumaßnahmen, letzte 79
Nördlingen 11, 14, 73

Oettingen, Stadt 9, 78
Oberer Gang (Holzgraben) 95
Oberes Tor, inneres (Schloßtor)
  35, 36, 54, 59, 62, 68, 71, 79, 83, 89
Obere Vorstadt 68, 80
Oettingen-Spielberg 28, 35, 83, 93, 108, Anlage 4

Palisaden 47, 48
Passau 72
Pestepidemie 53
Pfäfflingen 75
Pfalz-Neuburg 34
Polizeikommando 22, 24
Prinzessin Johanna 88
Prinzessinnenbau 49, 85

Rain/Lech 54
Ranzion 76
Remisen 85
Rennbahn und Schießanlagen 39, 44, 79
»Reparaturen« an der Stadtmauer 54
von Ruoesch, Präsident der f. Regierung 26, 98

Salettlbau 61
Schanzen 47
Schanzgräber 47
Schießlöcher 79
Schildwachten 64, 67, 68
Schmalkaldischer Krieg 29
Schnitzerturm 18, 39, 49, 85, 96
Schloß, unteres 75, 76
Schloßpark 88, 95
Schmidt, Lorenz, Maurermeister 55, 69
Schlagbrücken 17, 54, 58, 62, 66, 105
Schloßtor, s. Oberes Tor
Schloß, unteres 75
Schwebrinne 54, 56, 68, 81
Schoßgatter 31, 56
Schuldes, Lucas, Drucker 72, 75
Sebastianskirche, Turm 52
Sperreuther, Christian, Obrist 70
Sommer, Zeugmacher 92
Situationspläne für
  inneres Unteres Tor 41
  inneres und äußeres Mittleres Tor 42
  inneres und äußeres Oberes Tor 80
  die gräflichen Schieß- und Reitanlagen 45
  äußeres Unteres Tor einschl. Steinerbach und Augraben
Stadtansichten 35, 40, 51
Stadtdrittelbau 25, 26, 28, 31, 33, 49, 53, 58, 62, 83, 97–104
Stadtgräben 17, 31, 95
Stadtkommandanten 55, 71
Stadtmauer 11, 12, 29, 59, 79, 84, 85, 86, 88, 90, 91, 96, 98
Stadtmauerstiegen 68, 70, 86, 91, 93
Stadtschreiber 31
Stadtwächter 33
Stadtwasser 33
Städtekrieg 16
Stark, Kilian, Stadtkommandant 74, 77
Stahlschützen 46
Steinerbach (auch unterer Grimmgraben) 81, 84
Suburbium 13

Tagwächter 22, 33
Thannhausen 79
Teilungslibell nach Albrecht Ernsts II. Tod 83
Torhaus 63, 64
Torturm 63
Türmer 22
Türmlein (Türnlein) 62

Ungeld (Umgeld, Bierpfennig) 27
Urkatasterplan von 1822 81

Verschuldung 16
Vorstadt: Untere 13, 75,
  Obere 13, 75
  Mittlere 13, 14
Vorwerke 35, 53, 86
Vallet, Rittmeister 75

Wächterhäuschen 54, 63
Wälle 47, 71 und Situationspläne
Wassergräben 16, 17, 34, 79, 95
Wehrgang 12, 59, 91
Werth, Johann von, Reitergeneral 72–77, 78
Wörlein f. Hofbaumeister 90
Wörnitzbrücke 19, 20, 21, 54, 63, 68

Zahlung einer Brandschatzung 75
Zugbrücke 66
Zwingersiedlung 60

ANLAGEN

		Seite
Anlage 1	Die Stammtafel des Hauses Oettingen vereinfacht (von Dr. Elisabeth Grünenwald)	114/115
Anlage 2	Identifizierungsversuch bei den einzelnen Gebäuden der Stadtansicht von 1570 (von Horst Prager)	117
Anlage 3	Rekonstruktionsversuch für den Schnitzerturmbereich (von Horst Prager)	118/119
Anlage 4	Textprobe aus der Drittelbaurechnung zum Bau des Mitteltorturms	120
Anlage 5	Fachausdrücke aus dem Befestigungswesen	121
Anlage 6	Zum Oettinger Schützenwesen	122
Anlage 7	Luftbild der Kernstadt im Sommer 1990	123

ANLAGE 1

STAMMTAFEL DER GRAFEN UND FÜRSTEN VON OETTINGEN
(vereinfacht)

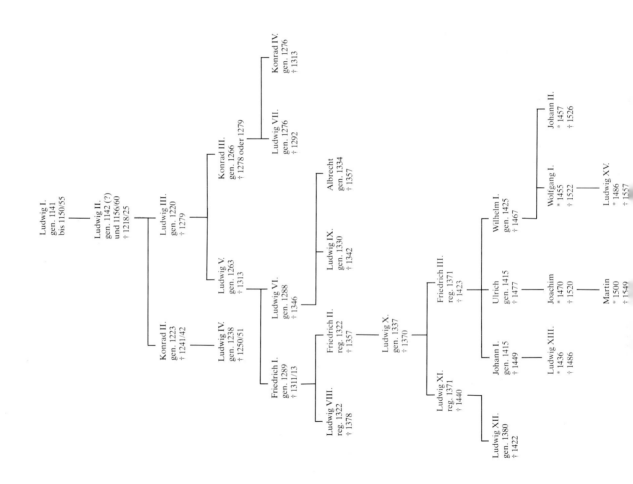

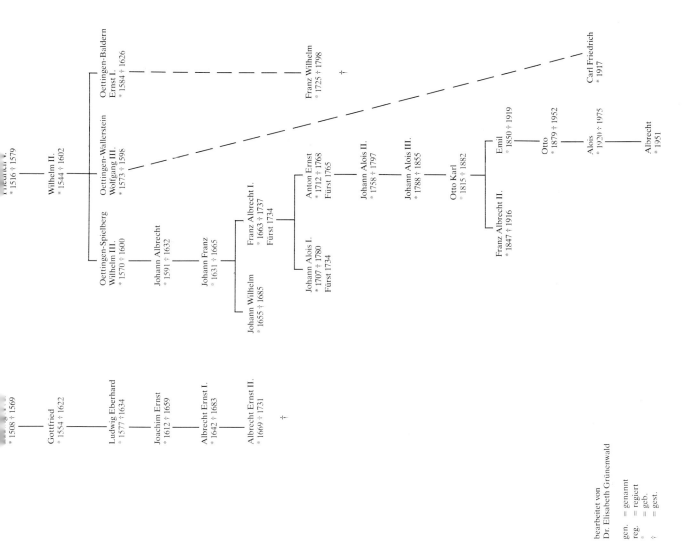

Originalbild der Stadtansicht von 1570

ANLAGE 2

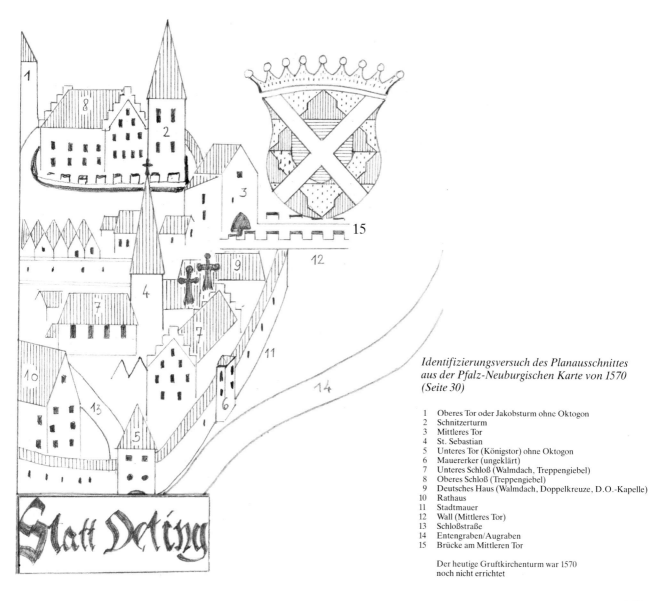

Identifizierungsversuch des Planausschnittes aus der Pfalz-Neuburgischen Karte von 1570 (Seite 30)

1 Oberes Tor oder Jakobsturm ohne Oktogon
2 Schnitzerturm
3 Mittleres Tor
4 St. Sebastian
5 Unteres Tor (Königstor) ohne Oktogon
6 Mauerecker (ungeklärt)
7 Unteres Schloß (Walmdach, Treppengiebel)
8 Oberes Schloß (Treppengiebel)
9 Deutsches Haus (Walmdach, Doppelkreuze, D.O.-Kapelle)
10 Rathaus
11 Stadtmauer
12 Wall (Mittleres Tor)
13 Schloßstraße
14 Entengraben/Augraben
15 Brücke am Mittleren Tor

Der heutige Gruftkirchenturm war 1570 noch nicht errichtet

ANLAGE 3

Rekonstruktionsversuch für den Schnitzerturmbereich

Der Schnitzerturm mit seiner Umgebung nach der Stadtansicht im Museum Nördlingen von 1720:
Links die Stadtmauer mit Mauerhaus und dem bis zum Turm verlaufenden Wehrgang. Über der Mauer die Dächer von Bürgerhäusern. Rechts Verbindung der bereits teilabgebrochenen Mauer mit dem Prinzessinnenbau von 1718. Anschließend ein Blick in den Schloßhof mit dem Münzschloß, Hofeinfahrt und der Südostecke des zwischen 1679 und 1683 erbauten Neuen Schlosses. Im Vordergrund die noch nachweisbare, einst auf dem Inneren Wall verlaufende Grabenmauer mit einem Überlauf (Schwebrinne) für das hier früher mit Gefälle vorbeifließende Grabenwasser.
Im Hintergrund der den Schnitzerturm und den Prinzessinnenbau überragende Jakobsturm.

ANLAGE 4

Textprobe aus der Drittelbauberechnung:
Anläßlich der Errichtung des Mitteltorturms
wurden für die Herstellung der Turmbedachung folgende
Dienstleistungen im Drittelbau verrechnet:

15 Pfd. 26 Pfg.	um bretter zum turn
15 Pfg.	aber(mals) um 150 latten zum turn
6 Pfd. 4 Pfg.	Burgerknecht, Castners Knecht und maister Laux mit zwei Mähnen (Rossen)
48 Pfg.	den burger rossen auch drei Viertail Habers
32 Pfg	nachgeben Mittwoch nach Bartholomae (7.8.1515) als beide Castner und ein Rat zu Gnotzhin und Samenhin Ziegel zu führen anschlugen
64 Pfg.	haben verzehrt burgermaister und der Knecht mit den rossen, als man das erste fuder mit den Ziegeln bracht
2 Pfd. 25 Pfg.	haben verzert maister Sebastian Seus. burgermaister Offingers Knecht als die pauren von Samenhin erstmals ziegel furen und die haben sie ausklengt (ausgeladen?) und die besten ausgeworffen
12 Pfd.	elf pauren von Samenhin waren bei dem ain wagen zwen man zum Ketterlin (Käthterle, Wirtin) . . . und mit maister Bastian Seus, Offinger, burgermaisters, knecht, Jörg Koller. 15 Personen, von ainem (pro Person) 24 Pfg. haben die Castner mit ainem rat alles angedingt (angeschafft)
24 Pfg.	um 3 maß Weins nach dem mal
16 Pfg.	den paurenpferden um heu
7 Pfd. 6 Pfg.	haben 6 Gnotzheimer pauren, burgermaister Contz Kefell, Jörg Koller zum (beim) Ketterlin verzert
20 Pfg.	den rossen zum heu
16 Pfg.	umb 1 Viertail weins den pauren nach dem essen.

ANLAGE 5

Fachausdrücke aus dem Bereich des Fortifikationswesens des 16. und 17. Jahrhunderts

Blockhaus
In der Befestigungskunst ein meistens aus Blöcken errichtetes, zur Aufnahme von Truppen bestimmtes Gebäude, welches im Inneren gegen vertikales und auch direktes Feuer Schutz gewährt. Die Wände solcher Blockhäuser bestanden entweder aus horizontal aufeinander gelegten, zusammengeschrankten Balken oder sie waren aufgeständert und von außen her mit starken Bohlen verschalt. In den Wänden waren Schießscharten angebracht. Bis zu diesen hinauf deckte meist ein Erdaufwurf mit vorliegendem Graben die Wand gegen direktes Feuer.
In Oettingen taucht die Bezeichnung »Blockhaus« erst nach dem Dreißigjährigen Krieg auf. Sie wird verwendet für einen Wehrbau-Typus, der zuvor »Mauerhaus« genannt wurde. Da dieser Wehrbau die Abwehrkraft der Stadtmauer verstärken sollte, dürfte er in der oben geschilderten Weise konstruiert worden sein, mit dem Unterschied, daß die Oettinger Blockhäuser nicht in dem der Hauptbefestigung vorgelagerten Gelände errichtet, sondern der Stadtmauer aufgesetzt wurden.

Brustwehr
Im Feld- und Festungskrieg meist eine aus Erde unter Zuhilfenahme von Holz und Mauerwerk gebildete Deckung der dahinter aufgestellten Verteidiger. Die Höhe derselben ist im allgemeinen 2,2 bis 2,5 Meter, um den hinter ihr stehenden Mannschaften vorne Deckung zu gewähren. Als genügende Dicke galten früher 5–6, später 7,5 bis 9,5 Meter. Die äußere Brustwehrdeckung wird in der Regel mit Holzkörben, Faschinen, Hürden oder Rasen bekleidet. Eine Brustwehr kommt auch auf der Festung vor und ist dann der Wallgang (oder eine Barbakane).

Schildwacht (franz. Sentinelle, Factionnaire)
ist eigentlich der vor jeder Wache stehende Posten vor Gewehr, der ursprünglich die hier aufgehängten Schilde zu bewachen hatte. Dann jeder aufgestellte Einzelposten im Garnison- und Lagerdienst. Die Schildwachten stehen auf ihrem Posten als Vertreter der Staatsgewalt, sind deshalb unverletzlich und können gegen jeden, der sie tätlich angreift oder sich ihren Anordnungen widersetzt, wenn ihnen kein anderes Mittel zur Erzwingung des Gehorsams bleibt, von ihrer Waffe Gebrauch machen. Eine Schildwache darf niemals die Waffe aus der Hand lassen, sich nicht über 30 Schritt von ihrem Posten entfernen, mit niemand, sofern es nicht der Dienst erfordert, reden, auch nicht sitzen, nicht essen, trinken, keine Geschenke annehmen usw.
Quelle: Meyers Konversationslexikon von 1874

Schlagbrücke
(Zugbrücke – Schwenkbalken – Schwenkrute Wippbaum – Zugbaum)
Es handelt sich hier um eine Holzbrücke, die durch Aufziehen eines um eine Horizontalachse drehbaren Teiles der Brückenplatte unterbrochen werden kann. Das Aufziehen der Brückenplatte kann durch eine Haspel, durch Schwenkbalken oder (seltener) in Form einer Wippbrücke mit Einschlag in die »Wolfsgrube« geschehen. Noch seltener wird die Kippbrücke verwendet. In Oettingen dienten die aufgezogenen Brückenplatten zugleich als Torverschluß wie es am äußeren Mittleren Tor (Barbakanenunterbau) noch festzustellen ist.

ANLAGE 6

Das Oettinger Schützenwesen[43]

Wie die auf dem Plan auf Seite 45 eingetragenen Bezeichnungen erweisen, hatte in der Aurach sowohl die Wallersteiner wie die Oettinger Linie dort Schießanlagen errichtet und unterhalten. Die den Angaben beigegebenen Bemerkungen »ohne Vorwissen der Wallersteiner« bzw. »ohne Wissen der W.« lassen auf zeitweilige Spannungen zwischen beiden Häusern schließen. Von den Oettinger Schießhäusern soll das kleinere Graf Gottfried im Jahre 1579 für sich zum Stahl- d.h. Armbrustschießen haben bauen lassen. Das größere benützte die katholische Schützenkompanie gemeinsam mit der protestantischen. Nach 1634 entstandenen Zwistigkeiten schossen die evangelischen Schützen eine Zeitlang auf dem heutigen Schießwasen. Der vom herrschaftlichen Haus gewünschte Hauptzweck dieser Übungen war die Heranbildung wehrhafter Männer, die imstande sein sollten, im Notfalle bei der Verteidigung der Stadt mitzuwirken. Die vor dem Aufkommen der Feuerwaffen allgemein übliche Armbrust schoß zunächst nur Pfeile, dann stumpfe und scharfe Bolzen, zuletzt Bleikugeln aus flintenähnlichen Rohren auf 120 Schritt und darüber, so daß sie ein schwaches Panzerhemd durchdringen konnten. Die »Armbruster« waren beim Aufkommen einer heeresmäßigen Organisation ein Teil des Fußvolks... Zu Beginn des 16. Jahrhunderts kam die Feuerwaffe in Gebrauch. Da wurde es den waffenfähigen Untertanen und Bürgern zur Pflicht gemacht, eine Büchse zu besitzen, regelmäßig an Sonn- und Feiertagen sich im Schießen zu üben, »sich beständig mit 3 Pfund Blei, 1 Pfund Pulver und den dazu gehörenden Lunten zu versehen«. Würden sie das nicht befolgen, mußten sie eine Züchtigung gewärtigen.

Bildseite der Oettinger Schützenfahne von 1605* und Erwähnung des Stadthauptmanns Johann Michael Prager (renoviert 1697).

* Die Zahl wurde bei einer Restaurierung der Fahne irrtümlich als 1605 gelesen. Es muß wahrscheinlich 1695 oder 1685 heißen.

ANLAGE 7

Luftbild der Kernstadt im Sommer 1990